essentials

essentials liefern aktuelles Wissen in konzentrierter Form. Die Essenz dessen, worauf es als „State-of-the-Art" in der gegenwärtigen Fachdiskussion oder in der Praxis ankommt. *essentials* informieren schnell, unkompliziert und verständlich

- als Einführung in ein aktuelles Thema aus Ihrem Fachgebiet
- als Einstieg in ein für Sie noch unbekanntes Themenfeld
- als Einblick, um zum Thema mitreden zu können

Die Bücher in elektronischer und gedruckter Form bringen das Expertenwissen von Springer-Fachautoren kompakt zur Darstellung. Sie sind besonders für die Nutzung als eBook auf Tablet-PCs, eBook-Readern und Smartphones geeignet. *essentials:* Wissensbausteine aus den Wirtschafts-, Sozial- und Geisteswissenschaften, aus Technik und Naturwissenschaften sowie aus Medizin, Psychologie und Gesundheitsberufen. Von renommierten Autoren aller Springer-Verlagsmarken.

Weitere Bände in dieser Reihe http://www.springer.com/series/13088

Lena Striegel · Stefan Luppold

Pro und Contra Pitch-Teilnahme

Ein Handlungsrahmen
für die richtige Entscheidung

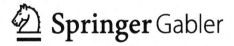

Lena Striegel
Freiburg im Breisgau, Deutschland

Stefan Luppold
Duale Hochschule Baden-Württemberg
Ravensburg, Deutschland

ISSN 2197-6708 ISSN 2197-6716 (electronic)
essentials
ISBN 978-3-658-15287-1 ISBN 978-3-658-15288-8 (eBook)
DOI 10.1007/978-3-658-15288-8

Die Deutsche Nationalbibliothek verzeichnet diese Publikation in der Deutschen Nationalbibliografie; detaillierte bibliografische Daten sind im Internet über http://dnb.d-nb.de abrufbar.

Springer Gabler
© Springer Fachmedien Wiesbaden 2017
Das Werk einschließlich aller seiner Teile ist urheberrechtlich geschützt. Jede Verwertung, die nicht ausdrücklich vom Urheberrechtsgesetz zugelassen ist, bedarf der vorherigen Zustimmung des Verlags. Das gilt insbesondere für Vervielfältigungen, Bearbeitungen, Übersetzungen, Mikroverfilmungen und die Einspeicherung und Verarbeitung in elektronischen Systemen.
Die Wiedergabe von Gebrauchsnamen, Handelsnamen, Warenbezeichnungen usw. in diesem Werk berechtigt auch ohne besondere Kennzeichnung nicht zu der Annahme, dass solche Namen im Sinne der Warenzeichen- und Markenschutz-Gesetzgebung als frei zu betrachten wären und daher von jedermann benutzt werden dürften.
Der Verlag, die Autoren und die Herausgeber gehen davon aus, dass die Angaben und Informationen in diesem Werk zum Zeitpunkt der Veröffentlichung vollständig und korrekt sind. Weder der Verlag noch die Autoren oder die Herausgeber übernehmen, ausdrücklich oder implizit, Gewähr für den Inhalt des Werkes, etwaige Fehler oder Äußerungen.

Gedruckt auf säurefreiem und chlorfrei gebleichtem Papier

Springer Gabler ist Teil von Springer Nature
Die eingetragene Gesellschaft ist Springer Fachmedien Wiesbaden GmbH
Die Anschrift der Gesellschaft ist: Abraham-Lincoln-Str. 46, 65189 Wiesbaden, Germany

Was Sie in diesem *essential* finden können

- Pitchprozess und Pitchquote
- Intuitive und strukturiert-rationale Entscheidung
- Kriterienraster zur Beurteilung von Pitchanfragen
- Punktwert-Raster zur Berechnung des potenziellen Erfolgs
- Ampelmodell – grün, orange oder rot – als Signal für die Entscheidung
- Fragenkatalog zur Verifikation der ersten Beurteilung
- Praxisbeispiel

Inhaltsverzeichnis

1 Einführung 1
2 Begriffe und Problemstellung 5
3 Das Modell und die praktische Umsetzung 15
   3.1 Das Scoring-Modell 15
   3.2 Die praktische Umsetzung 17
   3.3 Operations Research als Optimierungsmethode 27
4 Praxisbeispiel (auf einer fiktiven Basis) 37

Literatur 49

Einführung 1

> We think, each of us, that we're much more rational than we are. And we think that we make our decisions because we have good reasons to make them. Even when it's the other way around. We believe in the reasons, because we've already made the decision (Forbes 2016).
>
> Daniel Kahneman – Nobelpreisträger

Kahneman ist der Ansicht, dass der Mensch über zwei unterschiedliche Denkweisen verfügt. Die schnelle, intuitive Denkweise und die langsame, rationale Denkweise. Es gibt Situationen, in denen der Mensch bewusst und logisch denkt. Laut Kahneman ist dieser Vorgang des überlegten Denkens nur die Rechtfertigung und Erklärung für schnelles, intuitives Denken (Forbes 2016).

Diese Aussage soll an einem Denkbeispiel von Kahneman (2012, S. 61 f.) vergegenwärtigt werden. Verlassen Sie sich bei der Beantwortung der folgenden Frage völlig auf Ihre Intuition und auf Ihr Bauchgefühl:

Ein Baseballschläger und ein Ball kosten insgesamt 1,10 EUR.
Der Schläger kostet 1,00 EUR mehr als der Ball.
Was kostet der Ball?

An dieser Stelle fällt Ihnen eine Zahl ein. Sind Sie nicht auch der Ansicht, dass der Ball zehn Cent kostet? Dieses Ergebnis ist genauso verlockend wie falsch. Zehn Cent ist gewiss nicht die richtige Antwort aber, sehen Sie selbst:

Der Schläger kostet 1,00 EUR mehr als der Ball. Gehen wir also für den Ball von dem angenommenen Ausgangswert von 0,10 EUR aus und bedenken, dass der Schläger 1,00 EUR teurer ist steht fest, dass Schläger und Ball insgesamt 1,20 EUR kosten.

Bei der Beantwortung verlassen sich die meisten Menschen auf ein bereits vorhandenes Muster geleitet von hinterlegten Strömen und Erfahrungen die im

Leben gesammelt wurden. Die Antwort erscheint auf den ersten Blick rational überlegt, vollkommen fehlerfrei und logisch. Doch wie soeben aufgezeigt, kommen wir mit zehn Cent nicht zum gewünschten Ergebnis. Der Ball kostet fünf Cent.

Schläger: x + 1,00 EUR (teurer als der Ball).
Restbetrag: 0,10 EUR geteilt durch 2 = 0,05 EUR.
Somit hat der Schläger einen Wert von 1,05 EUR und der Ball kostet 0,05 EUR. Mit diesen Werten erzielen wir das gewünschte Ergebnis von 1,10 EUR.

Dieses Fallbeispiel soll verdeutlichen, welchen Einfluss vorhandene Denkmuster auf unsere Entscheidungen haben.

Nehmen wir nun einmal an, dass bei einem Kreativbüro[1] eine Einladung zu einem Pitch eingeht. Der Ausschreibungsgeber ist bekannt und bereits seit einiger Zeit potenzielles Klientel. Laut Interbrand (2016) zählt die Marke des Kunden zu den besten 100 der Welt. Bei dem Auftraggeber handelt es sich somit um einen Unternehmensriesen. Die Abb. 1.1 zeigt eine Auswahl von diesen Großunternehmen auf.

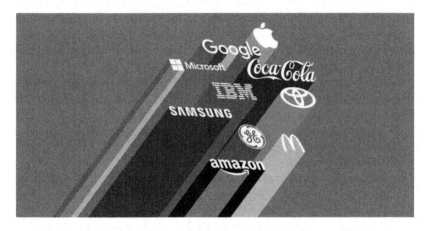

Abb. 1.1 Unternehmensranking. (Quelle: Interbrand 2015)

---

[1]Als Kreativbüros werden in diesem Essential Unternehmen bezeichnet, die im regelmäßigen Umgang mit aktiven Pitches stehen. Solche Unternehmen können Werbeagenturen, Kommunikationsagenturen, Eventagenturen, Architektenbüros etc. sein.

1 Einführung

Ob Entscheidungsträger, kreativer Kopf oder Agenturmitarbeiter mit Leib und Seele – bei diesem Kunden schlägt jedes Herz höher. Die Ärmel werden hochgekrempelt, das erste Brainstorming unter den enthusiastischen Mitarbeitern startet und schon steckt das Kreativbüro mitten in der Ausarbeitung. Der Pitchprozess beginnt.

Für die Ausarbeitung des Konzeptes wird Zeit und Geld investiert. Es werden die besten Ideen gesammelt und zu einem Ganzen zusammengetragen. Mit Beachtung aller im Prozess relevanten Faktoren wird das Konzept vollendet.

Dann steht der Präsentationstermin bevor. Voller Stolz wird die Idee präsentiert. Anschließend heißt es warten. Nach einiger Zeit gibt der Kunde Feedback:

„Leider haben wir uns dafür entschieden den Zuschlag einer anderen Agentur zu erteilen. Ihr Konzept war stimmig, es war kreativ, die Budgetplanung befand sich im vorgegebenen Rahmen und die Realisierbarkeit ebenfalls. Wir waren wirklich begeistert. Dennoch hat es nicht ganz gereicht." Im schlimmsten Falle wird diese Aussage noch damit ergänzt, dass die Stammagentur den Zuschlag bekommen hat.

Im Hinblick auf die beschriebene Situation sollten Kreativagenturen der **Frage „Pitchen ja oder nein?"** weitaus mehr Bedeutung zukommen lassen. In der Praxis findet diese Frage jedoch nicht die notwendige Aufmerksamkeit. Handelt es sich bei dem ausschreibenden Unternehmen um einen hochrangigen High Potential-Kunden tritt sie gar komplett in den Hintergrund. Unser Unterbewusstsein hat bereits entschieden.

Vergegenwärtigen wir uns nun nochmals das beschriebene Beispiel mit dem Schläger und dem Ball. Die Einladung wirkt verlockend. Die Antwort liegt nahe und tatsächlich machen sich die Entscheidungsträger der Kreativbüros kaum die Mühe die Teilnahme ernsthaft zu hinterfragen. Durch eine rationale Herangehensweise und den korrekten Einsatz der Intuition ist es möglich diese elementare Frage, deren Missachtung oder falsche Beantwortung den Verschleiß von Ressourcen und Ideenklau zur Folge haben kann, zu beantworten.

Begriffe und Problemstellung 2

Die entscheidungsorientierte Betriebswirtschaftslehre befasst sich mit der Entwicklung von Lösungsmodellen die bei rationalen Entscheidungsfindungen angewandt werden können. Ziel der Betriebswirtschaftslehre ist es Menschen mit Entscheidungsbefugnis im unternehmerischen Handeln zu unterstützen (Bamberg et al. 2008, S. 11).

Liegen für eine zu treffende Entscheidung nicht ausreichend Informationen vor um eine systematisch-rationale Entscheidung auf Anhieb zu ermöglichen, werden oft intuitive Entscheidungen getroffen. Führungskräfte greifen um der geforderten Schnelligkeit von Entscheidungen in der Praxis gerecht zu werden, bei der Entscheidungsfindung auf ihre Erfahrungen, Gefühle und ihr Urteilsvermögen zurück. In unternehmerischen Organisationen unterstützten sich somit die rationale und die intuitive Entscheidungsfindung (Robbins et al. 2013, S. 92 ff.).

„In sämtlichen Bereichen eines Unternehmens sind ständig Entscheidungen über diverse Sachverhalte zu treffen deren Auswirkungen von unterschiedlicher Bedeutung und Reichweite sind." Diese Aussage kann auf Unternehmen aus unterschiedlichen Branchen übertragen werden (Klein und Scholl 2004, S. 6). So ist auch die Branche der Live-Kommunikation[1], die Werbebranche und die Bauwirtschaft von täglichen Entscheidungen geprägt.

---

[1]Als Synonyme der Live-Kommunikation sind die Begriffe Event-Marketing, Live-Marketing und Live-Communication bekannt. In der Literatur werden diese Ausdrücke mit und ohne Bindestrich geschrieben (Dinkel und Semblat 2010, S. 13).

Eine branchenübergreifende Problematik
Die Pitch-Flut, der Pitch-Wahn, das Verzetteln mit Ausschreibungen oder das Sorgenkind der Branche sind gängige Begrifflichkeiten in der Pitchwelt und weisen auf eine langjährige Problematik mit vielen Ausprägungen hin. Auftraggeber laden in der Regel eine größere Anzahl von Kreativagenturen zu einem Pitch ein um aus einer großen Angebotspalette auswählen zu können. Ein Grund für dieses Vorgehen ist die geringe Bereitschaft der potenziellen Kunden in gute Qualität zu investieren. Ein weiterer Grund ist die Angst sich langjährig an einen Leistungspartner zu binden.

Das Resultat: Verschwendung der Ressourcen von kreativen Köpfen und Ideenklau. Es ist heutzutage für einige Unternehmen nicht ungewöhnlich die Ideen der Lieferanten einzuholen und anschließend das geplante Konzept aus Kostengründen eigenständig durchzuführen, abzusagen oder auf eine interne Sparte umzuwälzen.

Demnach ist die Problematik von nicht honorierten Pitches aufgrund unseriöser Kunden bei den einzelnen Leistungsträgern präsent und gängig. Werbeagenturen, Eventagenturen und auch Architekten können jedoch nicht auf die Teilnahme von Pitches verzichten. Trotz der Probleme und Risiken die Pitches mit sich bringen, ist die Alternative nicht an diesem Wettbewerb teilzunehmen für viele Kreativbüros undenkbar und wäre zudem nicht branchenkonform. Es ist wirtschaftlich und medial notwendig an Ausschreibungen teilzunehmen, denn wer nicht pitcht zeigt keine Marktpräsens und somit hat die Konkurrenz leichtes Spiel.

Wenden wir uns nun der Kundenseite zu.

Entscheidungen über die Vergabe von einem Auftrag werden häufig durch das Unterbewusstsein der Kunden gefällt. Fest steht, dass diese Entscheidungen nur geringfügig von den Kreativbüros beeinflusst werden können. Um den Kunden bereits bei der Vorarbeit der Konzeptentwicklung abzuholen und um ihn dann bei der Präsentation begeistern zu können, braucht es ein einschlägiges Konzept. Dieses Konzept muss im Einklang mit einzelnen Faktoren stehen. Beispielsweise muss es dem Briefing entsprechen, es muss sich innerhalb des Budgets befinden (falls dieses überhaupt vom Kunden angegeben wurde) und im Optimalfall sollte auch die Corporate Identitiy, also das Erscheinungsbild des Unternehmens in der Öffentlichkeit, im Konzept aufgenommen werden.

Ein Optimierungsversuch der Erfolgsquote von Pitches auf der Kundenseite scheint somit kaum möglich und nicht zielführend zu sein.

Denken wir nun noch einmal an unser Schläger-Ball Beispiel sowie unsere Pitcheinladung von einem High Potential-Kunden zurück. Wenn wir diesem Raster folgen und sich der Entscheidungsträger auf sein Bauchgefühl verlässt steht innerhalb weniger Sekunden fest – wir pitchen mit! Und dieses Beispiel entspricht durchaus der Realität. Grund für solche unüberlegten Entscheidungen ist unter anderem auch die Tatsache, dass in der Praxis die Ressource Zeit ein knappes Gut ist. Agenturen müssen schnell handeln und somit schnell entscheiden.

> **Wichtige Fragen**
> Wie können Fehlentscheidungen, die in der Regel auch mit Fehlinvestitionen in Verbindung stehen, Bezug nehmend auf die Teilnahme an einer Ausschreibung, weitestgehend vermieden werden? Gibt es eine Möglichkeit den Erfolg von Pitches bereits ab dem Anfragezeitpunkt zu beeinflussen?

Durch die betriebswirtschaftliche Entscheidungslehre, ergänzt um eine heuristische Herangehensweise, wird eine Handlungsempfehlung für die Praxis vorgestellt um die Fragestellung „**Pitchen – ja oder nein?**" zu beantworten.

Der Pitch – Eine grundlegende Sichtweise
Der Anglizismus Pitch steht in der deutschen Übersetzung für das Verkaufsgespräch (Ertz 2013, S. 175). Unter den Begriffen Ausschreibung, Wettbewerbspräsentation, Auftragswettbewerb, Agenturenwettbewerb oder dem Ausdruck des Schaulaufens von Agenturen verstehen sich branchenübliche Synonyme für die Bezeichnung Pitch.

In der Praxis reicht die deutsche Übersetzung Verkaufsgespräch nicht aus um der umfangreichen Bedeutung des Wortes gerecht zu werden. Ein Pitch ist nicht mit einem reinen Verkaufsgespräch gleichzusetzen. Im engeren Sinne ist ein Pitch eine Wettbewerbspräsentation von Agenturen oder zum Beispiel auch Architektenbüros (Ertz 2013, S. 175). Der Gewinner des Wettbewerbs erhält in der Regel einen Etat, der vor Beginn des Konkurrenzkampfs festgelegt wurde. Mit diesem Etat werden Produkte, Dienstleistungen und Konzepte entwickelt. Unternehmen, die den Etat vergeben, nutzen diese Methode der qualifizierten Rivalität als ein Selektionsinstrument um eine Entscheidung über die Vergabe von Kommunikationsaufgaben oder der Planung von neuen Großprojekten in der Bau- und Werbebranche zu erteilen. Ein Pitch wird in der Regel vor Beginn der Angebotserstellung von den Kunden als solcher angekündigt. In diesem Fall würden mindestens zwei bis drei, in der Praxis jedoch weit mehr, Kreativbüros beteiligt sein.

Dieser Prozess kann als **aktiver Pitch** bezeichnet werden. Bei dieser Form des Wettbewerbs ist in der Regel eine kreative Leistung oder ein ganzheitliches Konzept gefordert. Ein weiteres Merkmal der aktiven Pitches ist, dass die Kreativbüros von den Auftraggebern eine direkte Einladung erhalten. Zudem ist eine offensichtliche Wettkampfsituation erkennbar.

Neben den aktiven Pitches gibt es die Prozesse die als **passive Pitches** bezeichnet werden. Diese entsprechen in der Regel nicht dem in der Literatur bekannten und branchenübergreifenden Ablauf und somit fallen sie nicht in das allgemeintypische „Pitch-Schema". Zwar wird ein Angebot gefordert, jedoch ohne kreative Intensivarbeit und es wird nicht offiziell zu einer Ausschreibungsrunde eingeladen. Diese passiven Pitches sind im weitesten Sinne mit alltäglichen Anfragen gleichzusetzen und zeichnen sich ebenfalls dadurch aus, dass sie in Konkurrenz zu anderen Angeboten stehen. Passive Pitches sind demnach auf die unterschiedlichsten Branchen anwendbar.[2]

In der Kommunikationsbranche hat der Begriff Pitch eine gängige Bedeutung erhalten. Blickt man über diese Bedeutung hinaus und bezieht sich auf die oben dargestellte Aussage, lässt sich die Behauptung aufstellen, dass Menschen im alltäglichen Leben mit Pitches konfrontiert werden. Die Baubranche unterstützt diese Behauptung.

In der Bauwirtschaft sind Ausschreibungen ein ebenso gängiger Begriff wie in der Werbe- oder Eventbranche. So müssen zum Beispiel Bauprojekte, die vom Fiskus ausgehen, öffentlich ausgeschrieben werden. Gesetzestexte regeln dieses Vorgehen (Rösel und Busch 2008, S. 17 f.).

Diese Darstellung erlaubt es, die Behauptung aufzustellen, dass täglich Entscheidungen über passive Pitches getroffen werden. Der morgendliche Gang zum Bäcker kann bereits als ein solch passiver Pitch bezeichnet werden.

> **Eine Assoziation**
> Zur Auswahl stehen drei Bäckereien. Bäckerei A ist bequem zu Fuß erreichbar. Bäckerei B wird von Freunden geführt, erfordert jedoch eine kurze Fahrt mit dem Fahrrad. Die Bäckerei C ist nur mit dem Auto zu erreichen und ist die hiesige Traditionsbäckerei, etwas teurer aber echte handwerkliche Qualität. Bei der Frühstücksplanung wurden frische Brezeln gefordert. Der Familienvater ist mit dem Brötchenkauf beauftragt worden. Er hat kein Problem mit einer kurzen Autofahrt und ist der Ansicht, dass der traditionelle Bäcker die besten Brezeln produziert. Somit gewinnt die Bäckerei C.

---

[2]Im nachfolgenden Text werden aktive Pitches lediglich als Pitches bezeichnet. Sobald sich eine Aussage ebenso auf die passiven Pitches anwenden lässt, wird dies im Text verdeutlicht.

2 Begriffe und Problemstellung

Der Pitchprozess

Die Arbeitsweisen der Agenturen im Bereich der Live-Kommunikation unterscheiden sich kaum von denen der Werbeagenturen (Burrack und Nöcker 2008, S. 40). Diese Feststellung erlaubt es den Pitchprozess der Werbeagenturen mit dem der Eventagenturen gleichzusetzen. Aufgrund der Gesetzte, Verordnungen und Vorschriften, die es öffentlichen Institutionen erlaubt und/oder vorschreibt, eine gewisse Anzahl an potenziellen Lieferanten anzuschreiben und ein Angebot einzuholen, ist auch dieser Prozess mit dem der Werbe- und Live-Kommunikationsbranche gleichzusetzen (z. B. bei Architekturwettbewerben).

Im Folgenden wird eine Beschreibung der Agenturauswahl im Kommunikationsumfeld von Fuchs und Unger (2014, S. 464 ff.) herangezogen.

Im Allgemeinen beginnt der Pitchprozess damit, dass der Auftraggeber das Ziel hat einen Werbeetat zu vergeben. Für diesen Schritt wird eine Agenturliste mit möglichen und bereits präferierten Agenturen erstellt. Ein Pitch mit zwei bis drei Kreativbüros ist optimal. In der Realität ist diese Liste oft nicht erschöpft und es werden bis zu acht oder neun potenzielle Lieferanten zu einer Ausschreibung eingeladen. Nachdem die erste Vorauswahl getroffen wurde, wird in der Regel eine offizielle Einladung inkl. Briefing und Detailinformationen zu dem Wettbewerb vergeben.

- **Das Briefing:** Das Briefing wird von den Auftraggebern erstellt und an die ausgewählten Kreativbüros übermittelt. Neben der Aufgabenstellung sind in einem Briefing weitere Details, die zur Konzepterstellung notwendig sind, inbegriffen. Ein geeignetes Briefing beinhaltet Grundinformationen zu dem bevorstehenden Projekt, detaillierte Hintergrundinformationen zu den Zielen die erreicht werden sollen, eventuell Informationen zur Unternehmenskultur des Kunden und weitere festgelegte Rahmenbedingungen. Das Budget, das dem künftigen potenziellen Etathalter zur Verfügung steht, ist ein weiterer Punkt und neben dem angegebenen konkreten Abgabezeitpunkt mit der aussagekräftigste.
- **Das Reflexionsgespräch**[3]: Nachdem die Agenturen das Briefing erhalten und erstmals durchgearbeitet haben, gibt es die Möglichkeit mit dem Kunden eine gemeinsame Ausgangslage mittels eines Reflexionsgesprächs zu schaffen. Durch dieses Gespräch können Fragen zum Inhalt geklärt werden um ein übereinstimmendes Verständnis beider Parteien zu schaffen.

---

[3]Das Reflexionsgespräch kann in der Praxis auch mit dem Begriff Rebriefing gleichgesetzt werden.

- **Entscheidung über die Teilnahme am Pitch:** Der in der Theorie beschriebene korrekte Weg gibt vor, dass nach diesem Reflexionsgespräch die Entscheidung über die Annahme oder die Ablehnung des Pitches getroffen wird. Dies ist in der Regel jedoch weit verfehlt und die Entscheidung steht bereits fest, nachdem der Name des High Potential-Kunden bekannt wurde. Durch das in Kap. 3 vorgestellte Instrument kann dieser Prozessschritt jedoch fokussiert werden.

- **Konzepterstellung:** Hat sich die Agentur nach der Phase des Informationsaustausches dazu entschieden an dem Pitch teilzunehmen, erfolgt in diesem Schritt die Ausarbeitung des Konzepts. Eine Idee wird hin zu einem kreativen Komplettpaket entwickelt.

- **Die Präsentation:** Nachdem die Agentur ein stimmiges, auf das Briefing und das Reflexionsgespräch angepasstes, Konzept erarbeitet hat, wird dieses in der Regel beim potenziellen Auftraggeber präsentiert.

Nach der Präsentation kommen die ausgewählten Kreativbüros entweder in die engere Auswahl oder die Entscheidung wird direkt gefällt. Auch in diesem Schritt spielt Intuition eine wichtige Rolle. Um das Entscheidungsverhalten der potenziellen Auftraggeber zu analysieren benötigt es jedoch weitere Studien, dies ist nicht Gegenstand dieser Publikation.

Fest steht, dass sich der Auftraggeber, trotz intensiver und zeitaufwendiger Vorbereitung der Kreativbüros, nicht für alle Konzepte entscheiden kann. In der Baubranche werden zumindest noch Teilprojekte vergeben. Erhält beispielsweise Atelier A den generellen Zuschlag für ein Bauprojekt, Atelier B und C haben jedoch in einem Bereich sehr gute Ideen eingebracht und sind zudem Spezialisten auf diesem Gebiet, besteht die Möglichkeit, diese Teilprojekte den Ateliers zu überlassen. So kann das bestmögliche Resultat erzielt werden und für die einzelnen Wettbewerber besteht eine höhere Chance für eine zumindest teilweise Berücksichtigung.

In der Kommunikationsbranche ist diese Arbeitsweise jedoch kaum etabliert. Ein weiteres Problem stellt die Honorierung der geleisteten Arbeit dar. Zu Beginn dieses Kapitels wurde darauf hingewiesen, dass ein Pitch kein „gewöhnliches Angebot" ist. Es ist vielmehr ein ganzheitliches Konzept. Dies bedeutet, dass personelle und finanzielle Ressourcen für die Erstellung aufgewendet werden müssen. Kreativbüros arbeiten tage-, wochen-, sogar monatelang an der richtigen Idee. Dennoch ist es in der Werbe- und Live-Kommunikationsbranche bis heute keine Pflicht, dass die ausschreibenden Unternehmen diese Leistung vergüten.

2 Begriffe und Problemstellung

Das Pitchhonorar
Es handelt sich hierbei nicht nur um eine Wertschätzung der Arbeit, es ist eine professionelle und seriöse Art der ausschreibenden Unternehmen mit einem Pitch umzugehen. Das Honorar sollte bereits in den Rahmenbedingungen des Briefings erwähnt werden. So wird direkt zu Beginn der Ausschreibung eine vertrauenswürdige Basis geschaffen. Die Realität zeigt, dass dieses Honorar jedoch kaum geleistet wird. Falls es dennoch erbracht wird, entspricht es in der Regel kaum den realen Kosten, die für die Konzepterstellung aufgewendet wurden.

Branchenverbände, wie dem Verband direkte Wirtschaftskommunikation e. V. (FAMAB)[4] sowie auch der Schweizer Verband Expo-Event (2016), haben Richtlinien entwickelt, die für Auftraggeber und Auftragnehmer eine Win-win-Situation darstellen sollen. Der Expo-Event Verband hat beispielsweise einen Pitch-Kodex publiziert, der als Leitfaden für Kunden gesehen werden kann und das detaillierte Vorgehen bei einer Ausschreibung erläutert. Unter anderem wird den Kunden hier auch die faire Bezahlung von Kreativkonzepten nahegelegt.

Die Pitchquote – Ein Key Performance Indicator[5] (KPI)
Kreativbüros die pitchen müssen zwingend auch den finanziellen Aspekt im Auge behalten. Kennzahlen in Verbindung mit einem Jahresbudget für Pitches sind eine geeignete Möglichkeit um Transparenz und einen aktuellen Überblick bezogen auf die Unternehmenssituation zu schaffen.

KPIs sind wichtige Informationslieferanten für die Unternehmensführung und tragen zur Entscheidungsfindung bei. Jedoch gibt es kein allgemeingültiges Kennzahlensystem. Diese müssen branchen- und unternehmensbezogen abgestimmt, entwickelt und spezifiziert werden (Preissler 2008, S. 3 ff.). Somit kann die Pitchquote auch für Unternehmen, die lediglich mit passiven Pitches in Berührung kommen, sinnvoll sein. Diese Quote wird als Angebotserfolgsquote bezeichnet. Die Pitchquote eines Kreativbüros kann den Erfolg oder Misserfolg im Bezug auf aktive Pitches darstellen.

---

[4]FAMAB Verband Direkte Wirtschaftskommunikation e. V. ist ein deutscher Verband für alle Belange in der Live-Kommunikation (Fachverbände 2016).
[5]Key Performance Indicator ist die englische Bezeichnung für Kennzahl und wird mit der deutschen Übersetzung gleichgesetzt.

Das sogenannte Jahresbudget für Pitches fließt in die Interpretation der Kennzahlen mit ein und die jeweilige Pitchquote kann umgekehrt unterstützend zur Jahresplanung des Pitchbudgets beitragen. Fakt ist jedoch, dass dieses Budget in der Praxis noch nicht sonderlich weit verbreitet ist. In der Regel wird ein bestimmter Betrag zu Beginn eines Geschäftsjahres festgelegt. Das Budget kann für die Teilnahme an Ausschreibung verwendet werden. So lassen sich personelle Ressourcen besser einplanen und der Überblick über die zur Verfügung stehenden Mittel wird gewahrt.

Entscheidungsorientierte Betriebswirtschaftslehre
Entscheidungen sind fundamentale Grundlage für unternehmerisches Handeln. Um entscheiden zu können muss vorab die unternehmerische Planung herangezogen werden.

Betrachtet man den Ansatz der entscheidungsorientierten Betriebswirtschaftslehre ist die Planung ein Instrument mit welchem Entscheidungsprobleme ersichtlich werden. Ein Entscheidungsproblem existiert sobald ein gewünschter Zustand gar nicht oder mit einer Diskrepanz erreicht wird (Domschke und Scholl 2005, S. 23 f.). In der Praxis können solche Entscheidungsprobleme vorliegen wenn es zum Beispiel um die Neugründung eines Unternehmens geht, eine geeignete Werbestrategie ermittelt werden soll um den Marktanteil zu erhöhen oder beispielsweise die Entscheidung über die Annahme oder Ablehnung eines Auftrages gefällt werden muss (Klein und Scholl 2004, S. 6 f.). Ein Entscheidungsproblem tritt demnach ebenso bei der Fragestellung „**Pitchen – ja oder nein?**" auf.

Die **Entscheidungslehre** und das **Operations Research** bieten eine Vielzahl von Modellen und Lösungsmethoden um den Planungsprozess zu vervollständigen (Domschke und Scholl 2005, S. 23 f.). Da Entscheidungsprobleme im Bereich der Unternehmensführung unterschiedliche Segmente betreffen und große Dimensionen annehmen ist es sinnvoll die Planung anhand eines Modells zu vollziehen (Domschke und Scholl 2005, S. 29).

Ein Modell wird als ein vereinfachtes, zweckorientiertes Abbild der Realität gesehen, deren Aufgabe es ist alle zur Verfügung stehenden Alternativen[6] zu bewerten und diejenige auszuwählen, die am besten abschneidet (Klein und Scholl 2004, S. 37; Werners 2013, S. 3).

---

[6]Als Synonyme von Alternativen sind die Begriffe Handlungsalternativen, Aktionen, Handlungsweisen und Strategien bekannt (Bamberg et al. 2005, S. 15; Klein und Scholl 2004, S. 8; Domschke und Scholl 2005, S. 24 f.).

2 Begriffe und Problemstellung

Durch die betriebswirtschaftliche **Entscheidungslehre** können Lösungen für vorhandene Entscheidungsprobleme definiert werden, mit Hilfe von **Operations Research** werden diese Lösungen optimiert.

Ein Scoring-Modell[7] soll den Entscheider dabei unterstützen sich für die Alternative zu entscheiden, die dem größten Nutzen entspricht. Das Optimierungsmodell dient dazu aus dieser Wahl der Alternativen das Beste heraus zu holen.

So komplex wie die einzelnen Modelle sind, so komplex ist die Entscheidungslehre selbst. Wir widmen uns daher den Bausteinen, die für die Erstellung des Modells elementar sind.

Das Grundmodell der Entscheidungslehre ist Voraussetzung für die Anwendung von rationalen Entscheidungsmodellen. So ist es beispielsweise auch Basis eines Scoring-Modells (Bechmann 1978, S. 27).

---

[7] Das Scoring-Modell wird in der Literatur mit der Bezeichnung der Nutzwertanalyse gleichgesetzt (Zangemeister 1976, S. 45).

Das Modell und die praktische Umsetzung 3

3.1 Das Scoring-Modell

Ein Scoring-Modell umfasst in der Regel eine gewisse Anzahl an Zielkriterien[1]. Durch diese ist es möglich reale Zustände genauer zu beschreiben und **komplexe Projekte** aus der betriebswirtschaftlichen Praxis zu beurteilen und zu vergleichen. Diese Ziele, die in der Realität nicht nur quantitativ messbar, sondern auch qualitativer Art sein können, fließen in das Modell mit ein (Bamberg et al. 2008, S. 45 f.). In einem weiteren Schritt muss nun beurteilt werden welche Zielkriterien mit welchen Präferenzen bewertet werden. Es soll zum Ausdruck kommen welche Zielgröße einer anderen Zielgröße vorgezogen wird (Hagenloch 2009, S. 9 ff.). Die einzelnen Zielkriterien und deren Wichtigkeit hängen von dem subjektiven Urteil des Planers ab, können jedoch durch Branchenmeinungen spezifiziert werden. Wichtig ist hier zu erwähnen, dass die Zielkriterien je Unternehmung unterschiedlich definiert werden sollten. Sie verfolgen das Erreichen der allgemeinen Unternehmensziele, die bekanntlich individuell aufgestellt werden.

Je eher diese Zielvorstellungen erreicht wurden, desto größer ist der entsprechende Nutzen für den Entscheidungsträger (Zangemeister 1976, S. 7 ff.; Domschke und Scholl 2005, S. 59 ff.).

In der Praxis findet ein Scoring-Modell insbesondere dann Anwendung, wenn die zu berücksichtigenden Ziele nicht einfach zu quantifizieren sind. Der Entscheidungsträger kann somit durch Gewichtung der Kriterien diejenige Alternative ergreifen, die für ihn den größten Nutzen hat (Domschke und Scholl 2005, S. 61.).

---

[1]Synonyme für Zielkriterium sind Ziel oder lediglich Kriterium (Zangemeister 1976, S. 59 ff.).

Neben den Zielen und deren Gewichtung besteht ein Scoring-Modell zudem aus folgenden Faktoren:

- Dem Entscheidungsproblem,
- den Umwelteinflüssen(-zuständen),
- der Anzahl und Art der Handlungsalternativen und
- der Bewertungsgrundlage bzw. dem sogenannten Rating.

Wie bereits erwähnt wird das Entscheidungsproblem in unserem vorliegenden Fall mit der Fragestellung: „**Pitchen – ja oder nein?**" eingegrenzt.

Umweltzustände[2] sind Zustände der Welt, der Natur, des Umfelds oder der Realität, die nicht als Entscheidungsvariablen des Entscheidungsträgers zu sehen sind (Bamberg et al. 2005, S. 18; Hagenloch 2009, S. 5). Um die Komplexität des vorliegenden Entscheidungsproblems zu bündeln wird somit eine Sicherheitssituation unterstellt.

Das bedeutet, dass alle möglichen Umweltzustände, die eintreffen können und auf die der Entscheidungsträger keinen Einfluss hat, bekannt sind. Diese Situation entspricht nicht dem realen Zustand, wird allerdings aus Gründen der Handhabung unterstellt (Zangemeister 1976, S. 297 ff.; Hagenloch 2009, S. 19 ff.). In Der Praxis kann zum Beispiel die Anzahl der teilnehmenden Mitbewerber als solch ein Zustand bezeichnet werden. Ebenso ist hier der Umstand denkbar, dass ein Unternehmen bereits einen der eingeladenen Dienstleister präferiert und lediglich aus Compliance Gründen eine Ausschreibung platzieren **muss**. Dies zu analysieren und in Erfahrung zu bringen, bedeutet einen erheblichen Zeitaufwand und ob nach der Recherche alle weiteren möglichen Szenarien betrachtet wurden ist außerdem fraglich.

Da es sich somit um eine Entscheidungssituation unter Sicherheit handelt, werden die möglichen Umweltzustände durch die erwähnten Zielkriterien, die sich aus dem definierten Entscheidungsproblem ergeben, ersetzt (Hagenloch 2009, S. 19 ff.).

Ein Scoring-Modell beinhaltet zudem sogenannte Handlungsalternativen, die in unserem Fall als die zu bewertenden Projekte gesehen werden können (Bamberg et al. 2005, S. 15 ff.; Hagenloch 2009, S. 4 f.). Unsere Handlung ist bereits durch die Fragestellung begrenzt und man spricht von einer begrenzten Auswahl

---

[2]Für die Bezeichnung Umweltzustand sind ebenso die Begriffe Zustand, Umfeldzustand oder Szenario gängig (Bamberg et al. 2008, S. 18 f.; Klein und Scholl 2004, S. 10; Hagenloch 2009, S. 5 f.; Domschke und Scholl 2005, S. 24 f.)

an Alternativen. Die Alternative, die zur bestmöglichen Zielerreichung führt, wird gewählt (Bamberg et al. 2005, S. 16; Klein und Scholl 2004, S. 8 f.). In der Regel können in einem Scoring-Modell mehrere Projekte gegenübergestellt werden um zu erörtern, welches Projekt dieser Zielerfüllung gerecht wird. Es kann jedoch auch bei **nur einem Projekt** angewandt werden. Hier steht fest, dass es nur eine mögliche Alternative gibt. In diesem Fall ist so vorzugehen, dass die zu bewertende Alternative einer anderen fiktiven, optimalen Alternative gegenübergestellt wird (Zangemeister 1976, S. 46.). Wir beziehen uns auf ein Punkteraster um die Projekte in ein Klassifizierungsmodell einzubetten. Das fiktive Projekt wird aus diesem Grund durch ein Ampelmodell ersetzt.

Ein weiterer Bestandteil ist eine **Bewertungsgrundlage, bzw. ein Rating** das geschaffen werden muss. Ein vorab definierter Punktescore dient zur Bewertung der Zielkriterien um das **Handlungsergebnis**[3] zu erörtern. Von Handlungsergebnissen ist die Rede sobald ein Projekt in das Scoring-Modell eingebettet werden kann und mithilfe des Ampelmodells ein Ergebnis abzulesen ist.

3.2 Die praktische Umsetzung

Schritt A
Der erste und umfangreichste Schritt stellt die Formulierung der Zielkriterien dar. Diese Kriterien sind je nach Unternehmung unterschiedlich und obliegen internen Faktoren sowie der subjektiven Meinung der Personen(-gruppe) die das Scoring Modell erstellt.

Eine umfangreiche Analyse zur Definition der Kriterien wird jedoch empfohlen. Somit können subjektive Meinungen unterstützt werden und das Ergebnis liegt näher an den individuellen Unternehmenszielen. In der Tab. 3.1 werden einige Kriterien genannt, die als Basis gesehen werden. Wie bereits erwähnt, gilt es diese für die praktische Umsetzung zu spezifizieren.

Im Optimalfall sind die Bedürfnisse mit der eigenen Unternehmung zu vergleichen und ggf. anzupassen oder zu erweitern. Unterstützend können hier interne und externe Expertenmeinungen herangezogen werden. Die Anzahl der Kriterien sollte jedoch im überschaubaren Rahmen liegen. Es muss bedacht werden, dass

---

[3]Der Begriff Handlungsergebnis ist ebenso unter der Bezeichnung Ergebnismenge, Ergebnisse, Aktionsresultate und Handlungskonsequenzen bekannt (Bam-Berg 2005, S. 22 ff.; Hagenloch 2009, S. 7; Domschke und Scholl 2005, S. 24 f.).

Zeit eine knappe Ressource ist; ein Modell mit elf Kriterien ist daher ausreichend und wird empfohlen. Die Kriterien sollten möglichst unabhängig voneinander sein, was bedeutet, dass sie jeweils einzeln bewertbar sein sollten. Zusätzlich ist es notwendig, dass die Ziele messbar sind damit die Ergebnisse später in eine Rangfolge gebracht werden können (Domschke und Scholl 2005, S. 61 ff.).

> **Hintergrundwissen zur Datenerhebung der vorliegenden Zielkriterien**
> **Definition der Zielkriterien**
> Art der Datenerhebung: Mündliche Befragung
> Leitfadengestützte Interviews alsExperteninterview
> Anzahl der Befragten: 6 Experten
> Die gewählten Experten besitzen eine langjährige Erfahrung in dem Bereich Pitches. Es wurden insgesamt vier Experten auf der Kundenseite und zwei brancheninterne Experten aus der Live-Kommunikationszene befragt.

Schritt B
In der Theorie obliegt die Gewichtung der Kriterien ebenso der subjektiven Ansicht der Modellersteller. Da diese Kriterien die Grundlage der zu treffenden Entscheidung bilden, ist die Repräsentativität in der praktischen Anwendung für die Beantwortung des vorliegenden Entscheidungsproblems jedoch empfehlenswert.

Tab. 3.1 Übersicht der Zielkriterien. (Quelle: Eigene Darstellung, 2016)

Übersicht der Zielkriterien
1. Kundenstatus (High Potential- oder No-Name-Kunde)
2. Einhaltung Budget
3. Einhaltung Briefing
4. Gefühl, dass die Chemie stimmt
5. Ehrliches Interesse an einer Zusammenarbeit
6. Referenzen (Branchen-und Veranstaltungsreferenzen)
7. Zusatzangebote
8. Kreativität und Originalität
9. CI-Treue
10. Fachliche Eignung der Projektleitung
11. Agentur-/Kundenbeziehung

3.2 Die praktische Umsetzung

Zumindest einige Kriterien sollten von einer größeren Personengruppe bewertet werden. So können diese optimal auf die äußeren Bedürfnisse abgestimmt werden und die Präferenzstruktur wird nicht nur durch eine, sondern durch mehrere Ansichten belegt. Im besten Fall dient eine Umfrage bei Kunden oder auch beteiligten Dienstleistern zur Darstellung der Wichtigkeit der einzelnen Ziele.

Die Ziele eins bis zehn konnten in dem vorliegenden Scoring-Modell solch einer Bewertung unterzogen werden. In der Tab. 3.2 werden die Ergebnisse der Bewertung dargestellt. Die befragte Personengruppe konnte jedem Kriterium einen Punktewert zwischen eins und fünf vergeben.

Dem Ziel Kundenstatus wird von Grund auf eine elementare Bedeutung zugesprochen. Denken wir noch einmal an unsere Ausgangslage zurück. Die Bewertung, ob es sich bei dem ausschreibenden Kunden um einen High Potential- oder No-Name-Kunden handelt, ist die Grundlage unserer Bauchentscheidung. Daher wird bei der Gewichtung des Kriteriums auf subjektive Ansichten zurückgegriffen.

Hintergrundwissen zur Datenerhebung der vorliegenden Zielkriterien
Gewichtung der Kriterien
Art der Datenerhebung   Online Befragung
                        E-Mail in Verbindung mit einem Umfrage Tool
Anzahl der Befragten   150 Kunden aus der Live-Kommunikationsszene

---

Tab. 3.2 Gewichtungswerte der Zielkriterien. (Quelle: Eigene Darstellung, 2014)

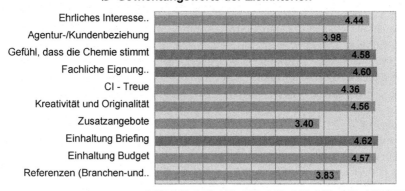

Tab. 3.3 Das Scoring-Modell zu Klassifizierung von Pitches. (Quelle: Eigene Darstellung, 2014)

Kriterien	Zielgewichtung	Punkte 0–10	Teilnutzen
Kundenstatus (High Potential- oder No-Name-Kunde)	10,43		0
Einhaltung Budget	9,53		0
Einhaltung Briefing	9,64		0
Gefühl, dass die Chemie stimmt	9,55		0
Ehrliches Interesse an einer Zusammenarbeit	9,26		0
Referenzen (Branchen-und Veranstaltungsreferenzen)	7,99		0
Zusatzangebote	7,09		0
Kreativität und Originalität	9,51		0
CI – Treue	9,09		0
fachliche Eignung der Projektleitung	9,60		0
Agentur-/Kundenbeziehung	8,30		0
Gesamtnutzen	**100**		**0**

> Die Umfrage wurde durch eine Laufzeit von einer Woche begrenzt. Nach dieser Zeit konnte eine Rückmeldung von 43 Teilnehmern verzeichnet werden. In Relation zu den eingeladenen 150 Probanden entspricht das einem Verhältnis von 29 %.

Damit die Präferenzen der befragten Personen auf einer einheitlichen Skala ausgedrückt werden können wird empfohlen, diese im nächsten Schritt in eine 100-Punkte-Skala umzuwandeln. Jedem einzelnen Kriterium kann so die entsprechende Wichtigkeit zugeordnet werden. In der Tab. 3.3 wird das Scoring-Modell mit den angepassten Zielgewichten dargestellt.

Schritt C

Dieser Schritt befasst sich mit der Aufstellung und Vergabe von subjektiven Nutzwerten. Es wird eine Skala, beispielsweise von null bis zehn, festgelegt. Die Zielkriterien werden durch den Entscheidungsträger bewertet. Diese Bewertung spiegelt die Vergabe von Zensuren wider (analog zu Schulnoten). Je nach Erfüllungsgrad wird den Kriterien ein Wert aus der vorab festgelegten Skala zugeteilt

(Zangemeister 1976, S. 164 ff.). Diese Werte werden pro Projekt individuell vergeben, da sie Grundlage des Ergebnisses sind.

Schritt D
Im nächsten Schritt werden die vergebenen Zielgewichte mit den subjektiven Nutzwerten multipliziert (Domschke und Scholl 2005, S. 61 ff.; Hagenloch 2009, S. 27 ff.). Hieraus ergeben sich die gewichteten Teilnutzwerte.

Schritt E
Die berechneten Werte werden anschließend zu einem Project Score, also zu einer Punktsumme addiert. Dieser kann auch Gesamtnutzen genannt werden und bildet die Grundlage um in das erwähnte Ampelmodell eingebettet zu werden.

Die Zielkriterien und deren (subjektive) Bewertung
Um eine einheitliche Ausgangslage für die erörterten Zielkriterien zu schaffen werden diese im Folgenden erläutert. Die Vergabe der Punkte erfolgt subjektiv, je nach Einschätzung des Entscheidungsträgers und immer in Abhängigkeit von den unterschiedlichen Projekten. Mit den nachfolgenden Aufschlüsselungen soll eine Bewertungsgrundlage geschaffen werden die den Entscheider jedoch nicht zu stark beeinflussen soll.

1. Kundenstatus (High Potential- oder No-Name-Kunde)
   Aus der Problemstellung ergibt sich ein Kriterium, welches sich auf den Bekanntheits- und Erfolgsstatus von potentiellen Auftraggebern bezieht. High Potential-Kunden sind Kunden mit einer guten Reputation. Im Gegensatz dazu haben No-Name-Kunden keinen nennenswerten Status. Die Reputation eines Kunden bedeutet für eine Agentur einen Mehrwert. Sie ist in der Regel imagefördernd und kann ein eventueller Impulsgeber für weitere Kunden mit ähnlichem Ansehen der gleichen oder aus unterschiedlichen Branchen sein.
   Um das Kriterium Kundenstatus quantifizieren zu können wird empfohlen internationale und nationale Unternehmensrankings zur Bewertung heranzuziehen.

   - *Ranking auf nationaler Ebene*
   - *Ranking auf internationaler Ebene*

2. Einhaltung Budget
   Unter der Einhaltung des Budgets wird verstanden, dass der vorab und im

Briefing bekannt gegebene Kostenrahmen, der dem Konzeptioner zur Umsetzung und Durchführung des Projektes zur Verfügung steht, eingehalten werden muss. Daneben sollte das Konzept den angegebenen Daten entsprechend realisierbar sein. Es muss auf einer wirklichkeitsgetreuen Planung des Kreativbüros basieren. Ausgangslage stellt außerdem die realistische Angabe des Budgets auf der Kundenseite dar.

- *Budgetangaben im Briefing*
- *Machbarkeit*
  - *realistische Kalkulationen auf der Seite des Kreativbüros*
  - *realistischer Budgetrahmen auf Kundenseite*

3. Einhaltung Briefing
   Wie bereits in Kap. 2 beschrieben, sind in einem Briefing die Rahmenbedingungen festgelegt, die bei der Erstellung eines Konzepts berücksichtigt werden müssen (Fuchs und Unger 2014, S. 464 ff.). Dieses Briefing ist zwingend einzuhalten. Grundlage der Bewertung sind jedoch auch die wirklichkeitsgetreuen Angaben auf der Seite des Kunden.

- *Realisierbarkeit der Briefingangaben*
  - *Abgabezeitraum (personelle und monetäre Ressourcen)*
  - *Ideenvorstellungen des Kunden*

4. Gefühl, dass die Chemie stimmt
   Die Beziehung zwischen den Auftraggebern und den Kreativbüros ist ein relevanter Faktor. Die kreativen Köpfe sollten den Kunden spüren und seine Emotionen deuten können. Die unterbewussten Einflüsse gegenüber der Projektleitung sind hier ebenso zu nennen. Sympathie, rhetorisches Auftreten, sprachliche Hintergründe wie Dialekte, das äußere Erscheinungsbild und das Geschlecht (im Sinne von „Gender") der Projektleitung sind durchaus Faktoren, die das Meinungsbild einer guten Zusammenarbeit beeinflussen können. Bezug nehmend auf unterbewusste Faktoren, die bei den Entscheidungsträgern auf der Kundenseite eine Rolle spielen, ist die Projektleitung dahin gehend zu prüfen, ob die vorhandene Sozialkompetenz auf das ausschreibende Unternehmen eingestellt ist. Für diese Prüfung ist es relevant in Erfahrung zu bringen, welche Personen auf Kundenseite über die Vergabe eines Projekts entscheiden oder diese Entscheidung beeinflussen (im Sinne von „Buying Center").

3.2 Die praktische Umsetzung

- *Entscheider auf Kundenseite bekannt*
- *Sozialkompetenzen des Projektteams*

5. Ehrliches Interesse an einer Zusammenarbeit
   Die Geschäftsbeziehung sollte bereits von Beginn an vertrauenswürdig erscheinen. Beide Parteien, Kreativbüro und Kunde, müssen ein ehrliches Interesse zeigen und ein gemeinsames Ziel haben. Die maximal zu vergebenden Punkte (zehn) werden somit zur Hälfte auf die Parteien aufgeteilt.
   Kreativbüro: Die Motivation des Kreativbüros für das Projekt ist essenziell für ihren Erfolg. Falls eine Agentur aus bestimmten Gründen nicht in der Lage ist das Projekt von Anfang bis Ende durchzuführen, muss dies zwingend in die Bewertung eingehen. Die wirtschaftlichen Faktoren des Kreativbüros sind ebenso relevant. Bei „prekärer Lage" fällt der Nutzwert hoch, bei „guter Auslastung" eher niedrig aus.

- *Anfrage kann von Anfang bis Ende durchgeführt werden*
- *Wirtschaftliche Lage*

Kunde: Auch das ehrliche Interesse auf der Kundenseite ist elementar. Dies lässt sich beispielsweise in der Anzahl der Mitbewerber messen und ob das Unternehmen in der Regel mit einer Stammagentur zusammenarbeitet.

- *Anzahl der Mittbewerber*
- *Stammagentur*

6. Referenzen (Branchen- und Projektreferenzen)
   Ein Kreativbüro sollte über geeignete Nachweise von bereits durchgeführten Projekten verfügen – idealerweise in der oder einer vergleichbaren Branche des potenziellen Auftraggebers. Ebenso sind Referenzen in Bezug auf ähnliche Projekte wünschenswert. Das Personal kann als zusätzlicher Parameter in die Bewertung mit eingehen.

- *Branchen-/Projektreferenzen*
- *Personelle Ressourcen*
- *Monetäre Ressourcen, z. B. für die Beauftragung von Freiberuflern*

7. Zusatzangebote
Zusatzangebote sind Leistungen, die laut Briefing nicht gefordert sind, die für die Kreativagentur jedoch ein Qualitätsmerkmal darstellen. Die Konzeptioner könnten so den USP (Unique Selling Propostition – Alleinstellungsmerkmal) des Kreativbüros betonen. Es handelt sich damit um weitere Möglichkeiten oder Leistungen, die laut Briefing nicht angefragt wurden, jedoch aufgrund vorhandener Ressourcen in dem Ideen-Repertoire des Kreativbüros liegen und vorgeschlagen werden können, beispielsweise die Einbindung des Events in eine Social Media-Kampagne (Luppold 2011, S. 11).

- *Kompatibilität zum Gesamtkonzept*
- *Zeitlicher Aufwand*

8. Kreativität und Originalität
Eine kreative, originelle Idee, die zu einem überzeugenden Gesamtkonzept führt, sollte bei aktiven Pitches bereits aus inhaltlicher Sicht vorhanden sein. Des Weiteren ist ein roter Faden, der sich durch das Konzept zieht, notwendig. Die Idee soll zielführend sein, mit dem Briefing korrespondierend. Dieses Kriterium kann nach der personellen Verfügbarkeit in Verbindung mit den zeitlichen Vorgaben geprüft werden.

- *Personelle Ressourcen*
  - *Können und Erfahrung*
  - *Zeitliche Kapazität*
- *Monetäre Ressourcen, z. B. für die Beauftragung von Freiberuflern*

9. CI-Treue
Durch das Konzept sollte sich ein roter Faden Bezug nehmend auf alle Belange der Unternehmensidentität des Kunden ziehen. Je nach Kundenwunsch können sich die Vorstellungen unterscheiden. Handelt es sich um einen Kunden mit umfassenden CI-Richtlinien ist zu prüfen, ob die Dokumente dem Kreativbüro für die Ausarbeitung zur Verfügung gestellt werden. Des Weiteren ist der zeitliche Faktor zu prüfen. Je umfangreicher die CI-Richtlinien, desto mehr Zeit wird benötigt um sich damit auseinanderzusetzen.

- *Verfügbarkeit der CI-Richtlinien*
- *Zeitlicher Faktor für die Einarbeitung (personelle und monetäre Ressourcen)*

3.2 Die praktische Umsetzung

10. Fachliche Eignung der Projektleitung
    Unter Projektleitung wird die Person/Personengruppe verstanden, die das Projekt ausarbeitet und präsentiert. Somit ist hier auch von Konzeptionern und Branchenspezialisten die Rede. Sie sollten sich erkennbar in der Materie des geforderten Themas zurechtfinden. Es besteht eine große Vielfalt an möglichen Projekten, für die zu einem Pitch eingeladen werden kann: die Projektleitung sollte die thematischen und fachspezifischen Kenntnisse besitzen.

- *Personelle Ressourcen*
  - *Können und Erfahrung*
  - *Zeitliche Kapazität*
- *Monetäre Ressourcen, z. B. für die Beauftragung von Freiberuflern*

11. Agentur-/Kundenbeziehung
    Eine bereits existierende Beziehung zwischen dem Auftraggeber und dem Etathalter spielt bei der Vergabe eines Auftrags ebenso eine Rolle. Für die Bewertung dieses Kriteriums sind somit die Beziehungsstadien relevant, unterschieden wird in 3 Kategorien:

- *Nullkunde (Angebote wurden bereits ausgearbeitet, Aufträge wurden noch nicht erteilt.)*
- *Neukunde*
- *Bestandskunde*

Die subjektive Bewertung dieser Kriterien wird teilweise als problematisch erachtet. Dies soll im Folgenden in Anlehnung an Gigerenzer (2008, S. 12 f.) widerlegt werden.

Wie man rationale Entscheidungsmodelle durch Intuition beeinflusst:
Laut Gigerenzer (2008, S. 12 f.) können rationale Entscheidungsmodelle und im Speziellen sogenannte Scorings, bei welchen der Entscheider unterschiedlichen Entscheidungskriterien subjektiv Punkte vergibt, durch Intuition gesteuert werden.

Gigerenzer vergleicht diesen Fall mit einem Beispiel in welchem sich ein Mann zwischen zwei Frauen entscheiden muss. Dem Mann fällt es schwer dir richtige Wahl zu treffen und daher stellt er eine rationale Pro und Contra Liste auf, die seine Gefühle für beide Frauen widerspiegeln.

> Alle aufgelisteten Gründe werden dann bewertet. Die Gründe, die ihm am wichtigsten erscheinen bekommen die meisten Punkte und die weniger wichtigen, werden mit einer geringeren Punktzahl bewertet. Alle gleichrangigen Punkte werden von der Liste gestrichen.
> Laut dem Ergebnis der Liste, hat sich der Herr für Frau X zu entscheiden. Sein Bauch und sein Herz sind jedoch der Ansicht, dass diese Entscheidung nicht korrekt ist und innerhalb von wenigen Sekunden steht fest, dass seine Gefühle Frau Y gehören. Der Zustand kann auch als **kognitive Dissonanz**[4] bezeichnet werden. Diese gilt es zu vermeiden, da sie sich negativ auf das Wohlbefinden der Menschen auswirkt.

Das Beispiel von Gigerenzer ist somit auch auf die subjektive Punktevergabe bei einer Entscheidung für oder gegen einen Pitch anwendbar.

Wir nehmen an, dass der Entscheider eines Kreativbüros das Scoring-Modell nach Sichtung des Briefings nutzt, um eine Entscheidung über die Annahme oder die Ablehnung eines Pitches zu treffen. Die Punkte werden subjektiv vergeben. Die Ausschreibung ist von einem renommierten Unternehmen. Die Agentur ist zu 100 % ausgelastet, die Mitarbeiter daher teilweise unzufrieden und der Entscheidungsträger selbst befindet sich ebenso an einem kritischen Punkt, was das Arbeitspensum angeht. Dennoch ist er motiviert, engagiert und möchte diesen einen Kunden gewinnen. Er vergibt die Punkte etwas zu optimistisch und das erreichte Scoring ist weitaus höher als es die realistische Bewertung zulassen würde.

Sobald das Ergebnis für den Entscheider ersichtlich ist breitet sich ein unbehagliches Gefühl in seinem Inneren aus. Das Bewusstsein, dass die Annahme des Pitches zu erheblichen Problemen innerhalb des Kreativbüros führen könnte, wurde geschaffen. Am Ende steht fest: er sollte sich gegen die Teilnahme an dem Pitch entscheiden!

Die Klassifizierungsgrundlage
Durch die Ermittlung des Gesamtnutzens eines Pitches wird im Folgenden eine Klassifizierung herangezogen die verdeutlicht, in welchem Bereich sich der berechnete Punktewert befindet. Grundlage für die vorgestellte Klassifizierung ist eine Bewertung der einzelnen Kriterien auf einer Skala von null bis zehn und die anschließende Multiplikation mit den Zielgewichten. Der zu erreichende

---

[4]Kognitive Dissonanz wird als ein Gefühl des Unbehagens beschrieben (Aronson et al. 2004, S. 188).

3.3 Operations Research als Optimierungsmethode

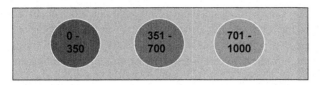

Abb. 3.1 Die Klassifizierung von Pitches. (Quelle: Eigene Darstellung, 2014)

Minimalwert beträgt null, maximal können 1000 Punkte erreicht werden. Die Abb. 3.1 stellt die Klassifizierung bildlich dar. Diese Klassifizierung bildet die Grundlage für den zweiten Schritt des Modells.

Rot: Befindet sich der erzielte Gesamtnutzen eines Projektes zwischen den Punktewerten **0 und 350**, ist der entsprechende Nutzen gering. Die Annahme des Projekts würde voraussichtlich dazu führen, dass das Angebot nicht konform mit den Kundenvoraussetzungen erstellt werden kann. Es würde ein Angebot erarbeitet, welches möglicherweise ein Zielkriterium des Scoring-Modells voll ausschöpft, jedoch weitere Zielkriterien vernachlässigt. Das bedeutet, dass der Nutzen durch die Nicht-Erfüllung aller zu beachtender Ziele für einen Pitch, der in dem roten Bereich klassifiziert wird, relativ gering ist. Anhand der Bewertung wird davon abgeraten die Einladung zu dem Wettbewerb anzunehmen.

Orange: Liegt der Gesamtnutzen zwischen **351 und 700** Punkten wurden die Kriterien besser erfüllt als in dem ersten Fall. Das bedeutet jedoch auch, dass es durchaus Verbesserungspotenzial in der Erfüllung der Zielkriterien gibt. Daher wird empfohlen einen orangenen Pitch nur unter der Beachtung der zusätzlichen wirtschaftlichen Situation anzunehmen. Ist das Personal beispielsweise bereits zu 100 % ausgelastet, sollte die Annahme nochmals überdacht werden. In diesem Fall überwiegen vor allem die Präferenzen des Entscheidungsträgers.

Grün: Wird durch das Scoring-Modell ein Gesamtnutzen zwischen **701 und 1000** Punkten erreicht, bedeutet dies, dass der Pitch angenommen werden sollte. Auf die Zielkriterien kann ohne erhebliche Defizite eingegangen werden. Damit jedoch auch in diesem Fall der Nutzen maximal erreicht wird, empfiehlt sich ein Optimierungsversuch. Dieser Versuch basiert auf den Grundlagen des bereits erwähnten Operations Research.

3.3 Operations Research als Optimierungsmethode

Dass sich die rationale und die intuitive Denkweise gegenseitig ergänzen, wurde bereits zu Beginn dieses Abschnitts erwähnt (Robbins et al. 2013, S. 92 ff.). Das Scoring-Modell, welches trotz der teilweise subjektiven Vergabe von Nutzwerten zu den rationalen Entscheidungsmethoden zählt, soll durch die intuitive Abhandlung eines effizienten Entscheidungsbaums ergänzt werden (Bamberg et al. 2005, S. 22 ff.; Zangemeister 1976, S. 7 ff.; Gigerenzer 2008, S. 185 ff.). Da es für die einzelnen Kriterien jeweils eine große Auswahl von möglichen Handlungsalternativen gibt, würde die exakte Analyse durch ein mathematisches Optimierungsmodell einen nicht praxisnahen Rechenaufwand mit sich bringen. Aus diesem Grund wird für das weitere Vorgehen eine Heuristik angewandt, die auf der Basis von intuitiven Entscheidungen beruht. Um eine Möglichkeit zu bieten den Gesamtnutzen der bewerteten Projekte zu optimieren wird der effiziente Entscheidungsbaum herangezogen. Bei diesem Vorgehen wird auf die in Abschn. 3.2 erläuterten Zielkriterien Bezug genommen. Da es durch die Vielzahl der zu berücksichtigenden Zielkriterien, die in den Gesamtnutzen einfließen, nicht möglich ist diesen als Ganzes zu optimieren, wird auf die Optimierung der gewichteten Teilnutzwerte ausgewichen.

Operations Research dient zur Identifikation der optimalen Lösung bei unterschiedlichen Handlungsalternativen. Auch diese Modelle basieren auf dem Grundmodell der Entscheidungslehre. Zur Bewertung der einzelnen Alternativen finden quantitative Erklärungsmodelle, das heißt mathematische Optimierungsmodelle oder Heuristiken, Anwendung. Operations Research wird als Prozess der Entscheidungsunterstützung gesehen und findet im Speziellen in der praktischen Anwendung betriebswirtschaftlicher Unternehmen eine hohe Anerkennung (Werners 2013, S. 1 ff.). Der Begriff Operations Research wird als Teil der Entscheidungslehre betrachtet. Grund hierfür ist, dass durch Operations Research eine **beste Lösung** und nicht der Lösungsweg, erörtert werden soll (Müller-Merbach 1973, S. 2). Der Fachbereich geht auf die Schwierigkeiten ein, welche die Entscheidungslehre mit sich bringt. Ein Problem aus der Praxis spiegelt sich in dem erheblichen Rechenaufwand für einige Entscheidungsmethoden wider (Werners 2013, S. 1 ff.). Sind die komplexen Modellstrukturen zu umfangreich und aufwendig um sie in der Praxis umzusetzen, sind Heuristiken denkbar um eine geeignete Lösung zu finden (Werners 2013, S. 8 f.; Grünig und Kühn 2013, S. 47 f.).

Heuristische Entscheidungsmethoden
Die Heuristik beschäftigt sich laut Grünig und Kühn (2013, S. 47 f.) mit **intuitiven** und **verfahrensgestützten** Entscheidungen. Bei beiden Methoden gibt es keine Garantie dafür, dass die verfolgten Ziele die richtigen sind. Zudem spielt für beide Möglichkeiten der vorhandene Umfang des Wissens über entscheidungsrelevante Tatsachen eine Rolle. Die Qualität der zu treffenden Entscheidung hängt maßgeblich vom entsprechenden Wissen der Entscheidungsträger ab. Je höher das Wissen über gegebene Problemstellungen, desto besser wird die

vorgeschlagene Lösungsvariante ausfallen (Werners 2013, S. 8 f.).

Die Kritik an der Heuristik besteht darin, dass im Grunde kein Optimum bestimmt werden kann, beziehungsweise es keinen Beweis dafür gibt, dass es sich bei der Lösung um ein Optimum handelt. Es ist also durchaus möglich, dass durch diese Methode der Entscheidungsfindung nur ein befriedigendes oder kein Ergebnis erzielt wird. Der **Vorteil** von heuristischen Entscheidungsverfahren basiert auf der Tatsache, dass sie in der Regel nicht an formale Aspekte gebunden sind. Des Weiteren steht der geringe Aufwand der betrieben werden muss im Vordergrund. Jedoch bringt das Verfahren ebenso **Nachteile** mit sich. Ein Nachteil ist sicherlich die bereits erwähnte fehlende Garantie, dass ein Optimum erreicht werden kann (Werners 2013, S. 8 f.; Grünig und Kühn 2013, S. 47 f.).

Die Praxis lehrt uns, dass Zeit und Informationen limitiert sind (Entscheidungen unter Zeitdruck und auf der Grundlage unvollständiger Informationen), daher werden die Methoden der Entscheidungslehre um Intuition und Erfahrung ergänzt (Robbins et al. 2013, S. 92 ff.).

Eine Entscheidung, die durch intuitive Denkweisen getroffen wurde, verfolgt in der Regel keinen methodischen Ansatz (Grünig und Kühn 2013, S. 64). Im Folgenden soll jedoch eine Möglichkeit aufgezeigt werden, wie intuitive Entscheidungen ebenso durch ein grundlegendes Verfahrensmodell getroffen werden können.

Der Entscheidungsbaum in der Heuristik

In der Psychologie wurde von Green und Mehr der „fast and frugal tree" (Gigerenzer 2007, S. 173.) entwickelt. In der deutschsprachigen Literatur wird dieser Baum als effizienter Entscheidungsbaum bezeichnet (Gigerenzer 2008, S. 185.). Allgemein findet dieser Baum seinen Ursprung in der Medizin. Ausgangspunkt für diesen Entscheidungsbaum ist, dass nur **Ja-Nein-Fragen** gestellt werden. Nach jeder dieser Fragen ist es möglich eine Entscheidung zu treffen (Martignon et al. 2003, S. 199 ff.).

Durch diesen Entscheidungsbaum können die wichtigsten Elemente einer Entscheidung in den Vordergrund gestellt werden. Die Informationen, die wichtig sind, fließen in die Entscheidung mit ein, alle anderen nicht (Gigerenzer 2008, S. 187 ff.).

Die praktische Anwendung

Fakt ist, dass die Möglichkeit zur Optimierung dieser Zielkriterien unendlich ist. Aus diesem Grund können hier lediglich die wichtigsten Punkte erläutert werden. Wir beziehen uns auf ein fiktives Beispiel um die Funktion und die Anwendung eines heuristischen Entscheidungsbaums aufzuzeigen. Der Entscheidungsträger befasst sich innerhalb dieses Entscheidungsbaums mit der Entscheidung und den Fragen, die am wichtigsten erscheinen. Alle weiteren Möglichkeiten werden ausgeblendet und nicht weiter beachtet (Werners 2013, S. 8 f.; Grünig und Kühn 2013, S. 47 f.; Gigerenzer 2008 S. 185 ff.).

Grundlage für die Anwendung des Optimierungsmodells ist die realistische Herangehensweise. Das Kreativbüro versucht im nächsten Schritt (Reflexionsgespräch) einige weitere Informationen mit einem Fragekatalog zu eruieren. In der Praxis stehen die Optimierungsfragen in enger Verbindung mit diesem Fragenkatalog. Nach der Anwendung des Scoring-Modells kann der Fragenkatalog in Verbindung mit den zu optimierenden Zielkriterien erstellt werden. Dieses Vorgehen stellt eine organisierte und reibungslose Arbeitsweise sicher und entspricht ferner dem typischen Ablauf eines Pitches.

Zu optimierendes Zielkriterium – Briefing

- Es wird angenommen, dass das Kriterium **Einhaltung des Briefings** in dem ersten Durchlauf des Scoring-Modells mit lediglich **zwei von zehn** Punkten bewertet wurde.
- Die laut Briefing dargestellten Details können in dem vorgegebenen Zeitfenster nicht erfüllt werden (Innerhalb einer Woche sollen drei unterschiedliche Kreativkonzepte zu einem Großprojekt ausgearbeitet werden!).
- Es ist nicht ausreichend Personal vorhanden um die Anfrage fristgerecht zu beantworten (Abgabetermin: Eine Woche nach Erhalt der Einladung; die Mitarbeiter sind zum Zeitpunkt der Anfrage fast vollständig ausgelastet!).
- Aus dem Briefing geht eine vermutlich nicht realisierbare, utopische Idee des Kunden hervor (Corporate-Veranstaltung im Vatikan!).

Den erzielten Teilnutzen von insgesamt **20 Punkten** gilt es nun zu optimieren. Durch den effizienten Entscheidungsbaum wird die für den Entscheidungsträger wichtigste zu beantwortende Situation in den Vordergrund gestellt. Die weiteren Situationen werden in den Hintergrund gerückt und fließen nacheinander in den Fragebaum ein.

Teil 1

Die erste Frage kann aus einer logischen Abfolge durch den Entscheidungsträger erfolgen. In dem fiktiven Beispiel soll die Anfrage in einem unrealistisch kurzen Zeitrahmen erstellt werden. Dieser Umstand kann hierarchisch die erste zu optimierende Fragestellung sein. Die Abb. 3.2 zeigt diesen Frageverlauf auf.

Wir nehmen an, dass der Entscheidungsträger den potenziellen Auftraggeber kontaktieren kann. Somit können weitere Informationen bezüglich der

3.3 Operations Research als Optimierungsmethode

Abb. 3.2 Der Entscheidungsbaum zur Optimierung des Nutzens – Teil 1. (Quelle: In Anlehnung an Gigerenzer 2008, S. 185)

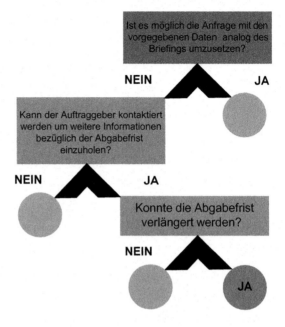

Abgabefrist eingeholt werden. In dem fiktiven Beispiel hat der Kunde Einsicht gezeigt und die Frist verlängert.

Teil 2
Nachdem die Abgabefrist verlängert werden konnte, hat sich möglicherweise auch die Verfügbarkeit des Personals geändert. Aus diesem Grund kann im weiteren Verlauf die Ressource Personal überprüft werden. Diese Abfolge kann der Abb. 3.3 entnommen werden.

In unserem Beispiel hat sich die Verfügbarkeit des Personals, trotz der Verlängerung der Abgabefrist, nicht geändert. Möglicherweise stehen jedoch finanzielle Mittel zur Überbrückung dieses Ressourcen-Engpasses zur Verfügung. Der Entscheidungsträger kann diese Frage schnell und intuitiv beantworten. Das Konzept kann in dem angepassten Zeitfenster mit Hilfe von temporär hinzugezogenen Freiberuflern ausgearbeitet werden.

Teil 3
In dem letzten Teil des Entscheidungsbaums, der in Abb. 3.4 dargestellt ist, wird auf den Umstand eingegangen, dass der potenzielle Kunde einen utopischen

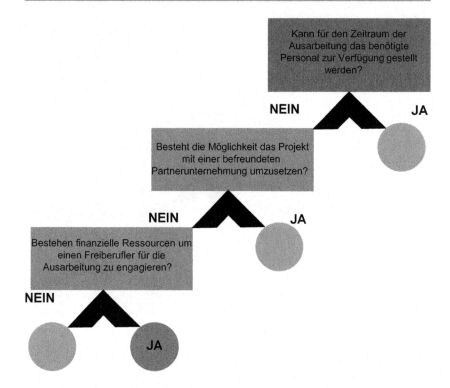

Abb. 3.3 Der Entscheidungsbaum zur Optimierung des Nutzens – Teil 2. (Quelle: In Anlehnung an Gigerenzer 2008, S. 185)

Wunsch hat. Wir beziehen uns in unserem Beispiel auf die Live-Kommunikationsbranche. Der Kunde äußert den Wunsch eine Veranstaltung im Vatikan durchzuführen. Folglich ist zu hinterfragen, ob er von dieser Idee abzubringen ist. Denn bekanntlich ist eine Corporate-Veranstaltung im Vatikan undenkbar.

Der Kunde hat Einsicht gezeigt und ließ sich umstimmen.

Nachdem der Fragenbaum auf alle zu optimierenden Kriterien angewandt wurde, können die Punkte neu vergeben werden.

Für das Kriterium Briefing konnten in unserem Beispiel weitere Informationen gewonnen werden. Der Kunde zeigte bei einigen Faktoren Einsicht und die internen Möglichkeiten wurden nochmals durchleuchtet. Auf einer Skala von eins bis zehn können dem Kriterium nun weitaus mehr Punkte zugeteilt werden. Da die Umstände jedoch immer noch nicht 100 % zufriedenstellen sind, gelten zehn Punkte als zu

3.3 Operations Research als Optimierungsmethode

Abb. 3.4 Der Entscheidungsbaum zur Optimierung des Nutzens – Teil 3. (Quelle: In Anlehnung an Gigerenzer 2008, S. 185)

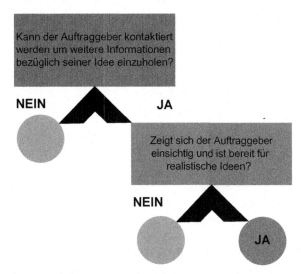

optimistisch. Acht Punkte hingegen erscheinen realistisch. Der gewichtete Teilnutzen für das Kriterium **Einhaltung Briefing** erzielt daher ein Teilnutzen von **80 Punkten**.

Die möglichen Fragestellungen, die zur Optimierung der Teilnutzen führen können, sind weit gefächert. Aus diesem Grund wird der Entscheidungsträger angehalten sich auf eindeutige und nachvollziehbare Fakten zu fokussieren.

Der dynamische Ansatz

Das beschriebene Vorgehen kann auf unterschiedlichste Zielkriterien angewandt werden. Der Entscheidungsbaum ermöglicht es den Gesamtnutzen nach einer ersten Einschätzung ein zweites Mal zu berechnen. Durch die sich verändernden Umstände ist eine **dynamische Wirkung** möglich. Nachdem die Teilnutzen durch den Entscheidungsbaum auf mögliche Optimierungschancen untersucht wurden und der Gesamtnutzen gegebenenfalls angepasst werden konnte, wird der Pitch ein weiteres Mal klassifiziert. Der Gesamtnutzen wird erneut, analog der drei Stufen **rot, orange und grün,** eingeordnet.

Es ist nicht auszuschließen, dass ein Pitch, der zunächst im roten Bereich eingestuft war, durch die erneute Bewertung und einen daraus resultierenden neu berechneten Gesamtnutzen nun „orange" oder „grün" zeigt!

An dieser Stelle ist darauf hinzuweisen, dass sich die Situationen je nach Pitcheinladung unterscheiden. Qualitätskriterium für die Beurteilung ist immer auch die Menge der Informationen. Je **mehr Informationen** dem Entscheidungsträger zur Verfügung stehen, **desto höher ist die Qualität der zu treffenden**

Entscheidung (Grünig und Kühn 2013, S. 63 ff.). Aus diesem Grund steht bei der Optimierung des Gesamtnutzens das Einholen relevanter, zusätzlicher Informationen im Vordergrund – bzw. die Möglichkeit dazu!

> **Prozessbeschreibung:**
> 1. Eintreffen der Pitcheinladung
> 2. Sichtung des Briefings
> 3. Erste Bewertung des Projekts anhand des Scoring-Modells (Vergabe subjektiver Punkte)
> 4. Ergebnis wird gesichtet und in das Ampelmodell eingeordnet
> 5. Fragenkatalog wird ergänzend durch den effizienten Entscheidungsbaum aufgestellt
> 6. Kontaktaufnahme Kunde und Reflexionsgespräch
> 7. Optimierungsversuch wird vorgenommen
> 8. Zweite Bewertung des Projekts anhand des Scoring-Modells (erneute Vergabe subjektiver Punkte, falls optimiert werden konnte)
> 9. Ergebnis wird gesichtet
> 10. Entscheidung über die Annahme oder die Ablehnung der Pitcheinladung

Dieser Ablauf beschreibt die Anwendung des Modells in der Praxis; er ergänzt den von Fuchs und Unger (2014, S. 464 ff.) beschriebenen und in Kap. 2 erläuterten Prozess. Aufgrund der Vielseitigkeit von Unternehmungen, deren Leistungsspektren und der Kunden- und Lieferantenstrukturen, wird zwingend empfohlen, die vorgeschlagenen Zielkriterien für das eigene Unternehmen zu spezifizieren und anzupassen. Insbesondere sind hier die Unternehmen, welche passive Pitches vollziehen, angesprochen. Das Modell ist durchaus, nach den jeweiligen Adaptionen, auf Unternehmen mit den üblichen Angebotsverhalten übertragbar. Die Funktionalität des Modells kann jedoch nur durch diese Anpassung hergestellt werden!

Die subjektive Aufstellung und Gewichtung der Kriterien kann durch die Meinung von Branchenexperten sowie einer repräsentativen Umfrage unterstützt werden.

Das in diesem *essential* vorgestellte Modell ist keineswegs als reines Entscheidungsinstrument zu sehen, geschweige denn als Garantie für eine 100 %ige Trefferquote bei der Entscheidung „Pitchteilnahme – ja oder nein". Es ist vielmehr eine Möglichkeit, um Entscheider und Anwender des Modells auf die essenzielle und sorgfältige Planung von Ressourcen und monetären Mitteln aufmerksam zu machen, im Kontext der Situation des potenziellen Kunden wie auch der des eigenen Unternehmens. Es dient dazu das Bewusstsein zu erweitern und die menschliche Intuition mit rationalen Denkmustern zu verbinden.

Auch Kahnemann zeigt in seinem Schläger-Ball Beispiel auf, dass angenommene rationale Entscheidungen oft weniger rational begründbar sind als es den Anschein hat (Forbes 2016). Rationalität und Intuition stehen sich gegenüber, ergänzen sich. Der Erfolg bei Pitches kann durch diese systematischen Überlegungen verbessert, der Umgang mit wertvollen Ressourcen bewusster gestaltet werden. Zu der Forderung nach einer raschen Entscheidung passt dieses Modell: es kann, ohne den Prozess zu verzögern, in der Praxis genutzt werden.

Praxisbeispiel (auf einer fiktiven Basis) 4

Eine Ausschreibung von einem führenden Unternehmen, dessen Marke laut Interbrand (2016) zu der besten weltweit zählt, trifft in einer mittelständischen Live-Kommunikationsagentur mit 50 Mitarbeitern ein. Die Abb. 4.1 zeigt die Rangfolge von Interbrand auf.

Der Kunde: Apple.

Das Team brennt für die Branche und ist mit Leidenschaft bei der Arbeit. Durch das Engagement kann sich die Agentur glücklich schätzen. Es sind einige Projekte zu bearbeiten und die Mitarbeiter sind ausgelastet. Der gute Ruf der Agentur spricht für sich. Apple, der Technologieriese aus Cupertino, lädt zum Wettbewerb.

Briefingangaben

Veranstaltungsart: Corporate Event, internationale Road-Show

Zielgruppe: Apple Mitarbeiter und deren Partner

Destination: 15 Großstädte in Europa

Gewünscht sind mindestens drei vollwertige, unterschiedliche Konzeptideen. Pro Stadt findet eine eintägige Abendveranstaltung mit Gala-Dinner und Entertainment statt. Das Konzept muss zwingend auf alle Länder übertragbar sein.

Location: Die Location soll außergewöhnlich und speziell sein. Ein Beispiel hierfür ist der Vatikan als Veranstaltungsstätte.

Abgabedatum: 1 Woche nach Erhalt dieser Ausschreibung.

01	02	03	04	05	06	07	08
Apple	Google	Coca-Cola	Microsoft	IBM	TOYOTA	SAMSUNG	GE
+43% 170,276 $m	+12% 120,314 $m	-4% 78,423 $m	+11% 67,670 $m	-10% 65,095 $m	+16% 49,048 $m	0% 45,297 $m	-7% 42,267 $m
09	10	11	12	13	14	15	16
McDonald's	amazon	BMW	Mercedes-Benz	Disney	intel	CISCO	ORACLE
-6% 39,809 $m	+29% 37,948 $m	+9% 37,212 $m	+7% 36,711 $m	+13% 36,514 $m	+4% 35,415 $m	-3% 29,854 $m	+5% 27,283 $m
17	18	19	20	21	22	23	24
Nike	HP	HONDA	LOUIS VUITTON	H&M	Gillette	Facebook	Amazon
+16% 23,070 $m	-3% 23,056 $m	+6% 22,975 $m	-1% 22,250 $m	+5% 22,222 $m	-3% 22,218 $m	+54% 22,029 $m	+3% 19,622 $m
25	26	27	28	29	30	31	32
American Express	SAP	IKEA	Pampers	UPS	ZARA	Budweiser	ebay
-3% 18,922 $m	+8% 18,768 $m	+4% 16,541 $m	+8% 15,267 $m	+2% 14,723 $m	+16% 14,031 $m	+7% 13,943 $m	-3% 13,940 $m
33	34	35	36	37	38	39	40
J.P.Morgan	Kellogg's	VW	NESCAFÉ	HSBC	Ford	HYUNDAI	Canon
+10% 13,749 $m	-6% 12,637 $m	-9% 12,545 $m	+7% 12,257 $m	-11% 11,656 $m	+6% 11,578 $m	+8% 11,293 $m	-4% 11,278 $m

Abb. 4.1 Top 100 Brands of 2015. (Quelle: Interbrand, 2016)

Präsentationsdatum: 2 Wochen nach Erhalt dieser Ausschreibung.
Budget: Es können keine Budgetangaben gemacht werden.
Pitchhonorar: Ein Pitchhonorar wird nicht geleistet.

Der Inhaber[1] der Agentur ist die letzte Instanz wenn es um Entscheidungen geht. Somit obliegt ihm auch die Annahme oder Ablehnung der Teilnahme an einer Ausschreibung.

Praktisch gesehen – gibt es bei diesem Kunden nichts weiter zu überlegen. Es kann sich keine Agentur erlauben hier **nicht** zu pitchen. Für den Inhaber stehen sämtliche Kriterien auf grün und voller Elan würde er an dieser Stelle das Projekt direkt an eines seiner Teams übergeben.

Hier kommt nun jedoch das Modell zum Einsatz. Aus der Tab. 4.1 können die Ausprägungen der einzelnen Kriterien entnommen werden.

Nachdem der Inhaber seine Punkte in dem vorgefertigten Modell vergeben hat, ist das Ergebnis sichtbar. Insgesamt konnten 311 Punkte erreicht werden. Laut Klassifizierungsskala liegt das Projekt somit im roten Bereich und aktuell wird von einer Teilnahme abgeraten (Tab. 4.2).

---

[1] Aus Gründen der Übersichtlichkeit wird im Folgenden die männliche Form gewählt. Hier und an späterer Stelle sind jeweils beide Geschlechter gemeint.

Bewertung Teil 1:

Nachdem ein Fragenkatalog in Verbindung mit dem effizienten Entscheidungsbaum erstellt wurde, kann dieser anhand des Reflexionsgespräch beantwortet werden. Die Ergebnisse werden zusammengetragen um die Optimierungsmöglichkeiten zu verdeutlichen.

Tab. 4.1 Ausprägungen der Zielkriterien – Teil 1. (Quelle: Eigene Darstellung)

Zielkriterium	Ausprägung	Subjektiver Punktesatz
Kundenstatus	High Potential-Kunde. Laut Interbrand (2016) ist Apple auf Platz 1 der bekanntesten Marken weltweit.	10
Budget	Das Briefing enthält keine Angaben bzgl. des Budgets.	0
Briefing	Abgabedatum: zu kurzfristig; für diesen Zeitraum steht nicht genügend Personal zur Verfügung um ein qualitativ hochwertiges Konzept auszuarbeiten. Idee des Kunden (Vatikan als Veranstaltungsstätte) utopisch und nicht machbar.	2
Gefühl, dass die Chemie stimmt	Bis zum aktuellen Zeitpunkt bestand lediglich E-Mail-Kontakt. Dieser beschränkt sich auf die Pitcheinladung. Es kann keine Bewertung getätigt werden.	0
Ehrliches Interesse an einer Zusammenarbeit	Kreativbüro: Die Anfrage ist definitiv zu bewältigen. Die Erarbeitung der Konzepte bringt das Personal in zeitliche Bedrängnis. Kunde: Ungewiss, die Anzahl der Mitbewerber ist nicht bekannt. Der Kunde war die vergangenen zwei Jahre vertraglich mit einer Konkurrenz-Agentur verbunden.	$3 + 0 = 3$

(Fortsetzung)

Tab. 4.1 (Fortsetzung)

Zielkriterium	Ausprägung	Subjektiver Punktesatz
Referenzen	Intern sind keine Branchenreferenzen vorhanden. Ähnliche Projekte wurden bereits für eine andere Branche durchgeführt. Es wird ein Mitarbeiter mit den entsprechenden Kenntnissen beschäftigt. Dieser ist bereits mit anderen Projekten ausgelastet und dient daher lediglich als Berater für das Projektteam.	4
Zusatzangebote	Es können zusätzliche Leistungen, die laut Briefing nicht angefragt wurden, angeboten werden. Hierbei handelt es sich um folgende Leistungskategorien: Logistikabwicklung der Roadshow Digitales Teilnehmerhandling Angebote von Zusatzleistungen für die Teilnehmer, z. B. Give-Aways Die Einbettung der Leistungen in das Gesamtkonzept bedeuten keinen immensen Zeitaufwand.	10
Kreativität und Originalität	Ein Kreativkonzept ist zwingend notwendig, der Creative Director ist jedoch bei anderen Projekten eingeplant und steht nicht zur Verfügung.	0
CI-Treue	Da es sich um einen High Potential-Kunden handelt muss das Unternehmens-CI zwingend eingehalten werden. Infos dazu werden dem Kreativbüro zur Verfügung gestellt. Die Einarbeitung unterliegt jedoch einem hohen Zeitaufwand.	2

(Fortsetzung)

4 Praxisbeispiel (auf einer fiktiven Basis)

Tab. 4.1 (Fortsetzung)

Zielkriterium	Ausprägung	Subjektiver Punktesatz
Fachliche Eignung der Projektleitung	Es werden mindestens zwei Projektleiter mit Erfahrung benötigt. Zur Verfügung stehen jedoch lediglich ein Projektleiter, der auf ein anderes Themengebiet spezialisiert ist, sowie ein Junior Projektleiter mit einem Jahr Berufserfahrung.	4
Agentur-/Kundenbeziehung	Es handelt sich um einen absoluten Neukunden.	0

Tab. 4.2 Scoring-Modell in der Praxis, Teil 1. (Quelle: Eigene Darstellung)

Kriterien	Zielgewichtung	Punkte 0–10	Teilnutzen
Kundenstatus (High Potential-Kunden oder No-Name-Kunde)	10,43	10	104
Einhaltung Budget	9,53	0	0
Einhaltung Briefing	9,64	2	19
Gefühl, dass die Chemie stimmt	9,55	0	0
Ehrliches Interesse an einer Zusammenarbeit	9,26	3	28
Referenzen (Branchen-und Veranstaltungsreferenzen)	7,99	4	32
Zusatzangebote	7,09	10	71
Kreativität und Originalität	9,51	0	0
CI - Treue	9,09	2	18
fachliche Eignung der Projektleitung	9,60	4	38
Agentur-/Kundenbeziehung	8,30	0	0
Gesamtnutzen	**100**		**311**

Anwendung des Effizienten Entscheidungsbaums:
1. **Kundenstatus** ✘
   ?! Maximum erreicht.

2. **Budget** ☑
   ? Wurde vom Kunden ein Budget genannt?
   ? Konnte der Kunde kontaktiert werden um ein Budget zu erfragen?
   ? Konnte ein ungefährer Budgetrahmen für das Projekt beim Kunden erfragt werden?
   ! Ja.

3. **Briefing** ☑
   Abgabefrist
   ? Ist es möglich die Anfrage mit den vorgegebenen Daten analog des Briefings umzusetzen?
   ! Nein.
   ? Kann der Auftraggeber kontaktiert werden um weitere Informationen bezüglich der Abgabefrist einzuholen?
   ? Konnte die Abgabefrist verlängert werden?
   ! Ja.
   Personal
   ? Kann für den Zeitraum der Ausarbeitung das benötigte Personal zur Verfügung gestellt werden?
   ! Ja
   Idee des Kunden
   ? Kann der Auftraggeber kontaktiert werden um weitere Informationen bezüglich seiner Idee einzuholen?
   ? Zeigt sich der Auftraggeber einsichtig und ist bereit für realistische Ideen?
   ! Ja.

4. **Gefühl, dass die Chemie stimmt** ☑
   ? Konnte mit dem Entscheidungsträger selbst Kontakt aufgenommen werden?
   ? Konnte festgestellt werden, dass sich Kunden- und Agenturseite auf einer Wellenlänge befinden?
   ! Ja.

5. **Ehrliches Interesse an einer Zusammenarbeit**
   Kreativbüro: ✘
   ? Kann ein Freiberufler eingeplant werden um die zeitliche Bedrängnis des Personals aufzuheben?
   ! Nein.
   ? Wurden alle internen Möglichkeiten geprüft um eventuell versteckte Ressourcen aufzufinden?
   ! Ja.
   Kunde: ☑
   ? Konnte die Anzahl der Mitbewerber erfragt werden?
   ! Nein.
   ? Gibt es Informationen bezüglich einer Stammagentur?
   ! Ja.
   ? Besteht der Vertrag zwischen Stammagentur und Kundenseite weiterhin?
   ! Ja *(Zusatz: der Vertrag soll jedoch aufgelöst werden).*
   ? Ist der Kunde zufrieden mit der Arbeit der Stammagentur?
   ! Nein.

6. **Referenzen** ✘
   ? Bestehen monetäre Ressourcen um Freiberufler mit entsprechenden Referenzen zu engagieren?
   ! Nein.

7. **Zusatzangebote** ✘
   ?! Maximum erreicht.

8. **Kreativität und Originalität** ☑
   ? Bestehen finanzielle Ressourcen um einen Freiberufler für die Ausarbeitung zu engagieren?
   ? Hat der Freiberufler zeitliche Kapazität?
   ! Ja.

9. **CI-Treue** ✘
   ?! Keine Optimierung möglich.

10. **Fachliche Eignung der Projektleitung** ☑
    ? Bestehen monetäre Mittel um eine geeignete Projektleitung zu engagieren?
    ! Nein.

> **?** Gibt es intern Personal welches beratend zur Seite stehen kann?
> **!** Ja *(Der Freelancer bringt die nötige Erfahrung mit).*
>
> 11. **Agentur-/Kundenbeziehung** ✘
> **?!** Keine Optimierung möglich.

Einige Zielkriterien konnten optimiert werden. Diese neue Punktevergabe wird in der Tab. 4.3 erläutert. Bei der zweiten Runde der Punktevergabe hat der Inhaber wiederum freies Spiel. Jedoch ist eine zu optimistische Bewertung auch in diesem Fall nicht ratsam.

Tab. 4.3 Ausprägungen der Zielkriterien – Teil 1. (Quelle: Eigene Darstellung)

Zielkriterium	Ausprägung	Subjektiver Punktesatz NEU
Budget	Der Kunde konnte einen ungefähren Kostenrahmen nennen.	5
Briefing	Der Abgabezeitpunkt wurde um 1 Woche verlängert. Somit hat das Personal mehr Kapazität für das Angebot. Zusätzliches Personal kann jedoch nicht hinzugezogen werden. Der Kunde hat sich Einsichtig gezeigt und konnte von seiner utopischen Idee, der Veranstaltung im Vatikanstaat, abgebracht werden.	5
Gefühl, dass die Chemie stimmt	Erste Kontakte wurden geknüpft. Nach einem längeren Telefonat zwischen dem Inhaber und dem Kunden kann festgestellt werden, dass sich Agentur und Kunde auf einer ähnlichen Wellenlänge befinden (gleiche Hobbys, stammen aus der ähnlichen Region, sind beides Familienväter von 2 Kindern etc.).	8
Ehrliches Interesse an einer Zusammenarbeit	Kreativbüro: Die Anfrage ist definitiv zu bewältigen. Die Erarbeitung der Konzepte bringt das Personal jedoch in zeitliche Bedrängnis. Kunde: Der Vertrag mit der Stammagentur **soll** aufgelöst werden (keine vertrauenswürdige Aussage).	$3 + 3 = 6$

(Fortsetzung)

Tab. 4.3 (Fortsetzung)

Zielkriterium	Ausprägung	Subjektiver Punktesatz NEU
Kreativität und Originalität	Ein bekannter Freiberufler wird für diese Aufgabe eingeplant. Dies nimmt zwar monetäre Ressourcen in Anspruch, jedoch können nur so die geforderten Konzepte erstellt werden. Durch den Kostenaufwand werden nicht die vollen 10 Punkte vergeben.	8
Fachliche Eignung der Projektleitung	Der Freiberufler für den kreativen Part bringt Erfahrung und Hintergrundwissen mit. Das Projektteam kann somit auch von diesen Fähigkeiten profitieren.	8

Der Punkt Budget konnte beispielsweise nicht zu 100 % beantwortet, sondern lediglich wage eingegrenzt werden. Daher wird in diesem Fall nicht die maximal zu erreichende Punktezahl vergeben, sondern die Hälfte, was einem passenden Wert entspricht.

Die erneute Vergabe der Punkte für die optimierten Zielkriterien werden gemeinsam mit dem Gesamtnutzen in der Tab. 4.4 dargestellt.

Bewertung Teil 2:

Das Endergebnis liegt nach der neuen Bewertung mit 614 Punkten im oberen orangenen Bereich. Das bedeutet, dass die Teilnahme zu den gegebenen Umständen durchgeführt werden kann. Jedoch ist auch an dieser Stelle die sorgfältige Ressourcenplanung zu beachten.

Tab. 4.4 Scoring-Modell in der Praxis, Teil 2. (Quelle: Eigene Darstellung)

Kriterien	Zielgewichtung	Punkte 0–10	Teilnutzen
Kundenstatus (High Potential- oder No-Name-Kunde)	10,43	10	104
Einhaltung Budget	9,53	5	48
Einhaltung Briefing	9,64	5	48
Gefühl, dass die Chemie stimmt	9,55	8	76
Ehrliches Interesse an einer Zusammenarbeit	9,26	6	56
Referenzen (Branchen-und Veranstaltungsreferenzen)	7,99	5	40
Zusatzangebote	7,09	10	71
Kreativität und Originalität	9,51	8	76
CI – Treue	9,09	2	18
fachliche Eignung der Projektleitung	9,60	8	77
Agentur-/Kundenbeziehung	8,30	0	0
Gesamtnutzen	**100**		**614**

Was Sie aus diesem *essential* mitnehmen können

Der Pitchprozess ist und bleibt für viele Agenturen der Weg um Geschäft zu generieren. Ohne Teilnahme auch keine Aussicht auf einen Auftrag! Aber die Teilnahme verbraucht Ressourcen – Zeit und Geld! Und fällt unter Umständen in eine Phase, in der das Agentur-Team gerade voll ausgelastet ist. Oder ist, mit Blick auf das Geforderte und das Leistbare, grenzwertig.

Der intuitiven Beurteilung einer Pitchanfrage muss ein möglichst rationales Clearing zur Seite gestellt werden, ein Modell, das Chancen relativiert und Risiken sichtbar macht.

Das in diesem *essential* vorgestellte Modell ist entlang der ausführlich beschriebenen Struktur für jede Agentur, für jedes Unternehmen, das Pitchanfragen erhält, adaptierbar. Es liefert bessere Ergebnisse und ist hinsichtlich des Zeitdrucks (kurzfristige Anfrage mit der Erwartung einer raschen Zu- oder Absage) problemlos einsetzbar!

Die Anzeige der Beurteilung durch das Modell – grün, orange, rot – entspricht einer Ampel und signalisiert innerhalb von drei Punkte-Bereichen die Annahme, eine bedingte Annahme oder die Ablehnung.

In einer zusätzlichen Entscheidungs-Schleife können, sofern der potenzielle Auftraggeber dies durch Informationen und Gesprächsangebote unterstützt, entlang eines Fragenkatalogs erste Ergebnisse verifiziert oder korrigiert werden – das Modell hat damit eine zusätzliche dynamische Komponente.

Literatur

Aronson, E., Wilson, T. D., & Akert, R. M. (2004). *Sozialpsychologie* (4. Aufl.). München: Person Education.

Bamberg, G., Coeneberg, A. G., & Krapp, M. (2008). *Betriebswirtschaftliche Entscheidungslehre* (14. Aufl.). München: Franz Vahlen.

Bechmann, A. (1978). *Nutzwertanalyse. Bewertungstheorie und Planung.* Bern: Paul Haupt.

Burrack, H., & Nöcker, R. (2008). *Vom Pitch zum Award. Wie Werbung gemacht wird. Insights aus einer ungewöhnlichen Branche.* Frankfurt a. M.: F.A.Z.- Institut für Management-, Markt und Medieninformationen GmbH.

Dinkel, M., & Semblat, U. (2010). Live-Kommunikation als strategische Option. In M. Dinkel, E. Heid, & U. Semblat (Hrsg.), *Herausforderungen für die Live-Kommunikation im B-to-B* (S. 133–136). Walldorf: clfmedia.

Domschke, W., & Scholl, A. (2005). *Grundlagen der Betriebswirtschaftslehre. Eine Einführung aus entscheidungsorientierter Sicht* (3. Aufl.). Berlin: Springer.

Ertz, M., & Ertz, M. (2013). Pitch. In M. Dinkel, S. Luppold, & C. Schröer (Hrsg.), *Handbuch Messe-, Kongress- und Eventmanagement* (S. 175–176). Sternenfels: Verlag Wissenschaft & Praxis.

Expo-Event. (2016). Pitch Kodex. http://www.eventcockpit.ch/expo/pitchkodex. Zugegriffen:14. Mai 2016.

Fachverbände. (2016). FAMAB Verband Direkte Wirtschaftskommunikation e. V., Dachverband für Messebau und Marketing-Events. http://www.fachverbaende.de/fachverbaende/739/famab-verband-direkte-wirtschaftskommunikation-e-v-dachverband-fuer-messebau-und-marketing-events. Zugegriffen: 15. Juni 2016.

Forbes, S. (2016). Nobel prize winner Daniel Kahneman: Lessons from Hitler's ss and the danger in trusting your Gut. http://www.forbes.com/sites/steveforbes/2013/01/24/nobel-prize-winner-daniel-kahneman-lessons-from-hitlers-ss-and-the-danger-in-trusting-your-gut/3/#188a19aa3b74. Zugegriffen: 13. Mai 2016.

Fuchs, W., & Unger, F. (2014). *Management der Marketing-Kommunikation.* Berlin: Springer Gabler.

Gigerenzer, G. (2007). *Gut feelings. The intelligence of the unconscious.* London: Viking Penguin.

Gigerenzer, G. (2008). *Bauchentscheidung, Die Intelligenz des Unbewussten und die Macht der Intuition.* München: Goldmann.

Grünig, R., & Kühn, R. (2013). *Entscheidungsverfahren für komplexe Probleme. Ein heuristischer Ansatz* (4. Aufl.). Berlin: Springer Gabler.

Hagenloch, T. (2009). *Grundzüge der Entscheidungslehre.* Norderstedt: Books on Demand GmbH.

Interbrand. (2015). Interbrand releases 2015 best global brands report. http://interbrand.com/newsroom/interbrand-releases-2015-best-global-brands-report/. Zugegriffen: 13. Mai 2016.

Interbrand. (2016). Rankings. http://interbrand.com/best-brands/best-global-brands/2015/ranking/. Zugegriffen: 13. Mai 2016.

Kahnemann, D. (2012). *Schnelles Denken, Langsames Denken.* München: Siedler.

Klein, R., & Scholl, A. (2004). *Planung und Entscheidung.* München: Franz Vahlen.

Luppold, S. (2011). Keytrends und Entwicklungen im Event-Marketing. In S. Luppold (Hrsg.), *Event-Marketing* (S. 9–18). Sternenfels: Verlag Wissenschaft & Praxis.

Martignon, L., Vitouch, O., Takezawa, M., & Forster, M. R. (2003). Naive an yet enlightened: From natural frequencies to fast and frugal desicion trees. In D. Hardman & L. Macchi (Hrsg.), *Thinking: Psychological perspectives on reasoning, judgment and desicion making* (S. 189–212). Chichester: Wiley.

Müller-Merbach, H. (1973). *Operations research. Methoden und modelle der optimalplanung.* München: Franz Vahlen.

Preissler, P. R. (2008). *Betriebswirtschaftliche Kennzahlen, Formeln, Aussagekraft, Sollwerte, Ermittlungsintervalle.* München: Oldenbourg.

Robbins, S. P., De Cenzo, D. A., & Coulter, M. (2013). *Fundamentals of management – essential concepts and applications.* Edinburgh: Pearson Education Limited.

Rösel, W., & Busch, A. (2008). *AVA-Handbuch. Ausschreibung – Vergabe – Abrechnung* (6. Aufl.). Wiesbaden: Vieweg und Teubner.

Werners, B. (2013). *Grundlagen des Operations Research* (3. Aufl.). Berlin: Springer Gabler.

Zangemeister, C. (1976). *Nutzwertanalyse in der Systemtechnik. Eine Methodik zur multidimensionalen Bewertung und Auswahl von Projektalternativen* (4. Aufl.). München: Wittemannsche Buchhandlung.

Printed by Printforce, the Netherlands